章院長肖像

▲章太炎先生像，攝於 1927 年前後。照片原刊 1929 年《上海國醫學院院刊》，後未見其他書刊轉載。

▲太炎先生石刻像，由張大千、張善子兄弟繪。太炎先生石刻像，由李根源立，今存於章氏蘇州寓所衣冠墓前。

▲ 太炎先生與湯國棃夫人結婚照。右男賓爲張繼。
照片係章氏家屬原藏。

▲太炎先生 1919 年在孫中山先生寓與孫中山等合影。中座者爲太炎先生，左座者爲中山先生，右座者爲胡漢民，後排左二爲汪精衛，左四爲朱執信。

▼ 1917 年，鄒容結媳，第二年章太炎因參加護法運動，途經四川來重慶鄒家祠堂祝賀時留影。

鄒家祠堂在重慶小較場已取名鄒容路。

鄒容的大哥蘊丹生有二子，長子鄒枚，次子鄒仲宜。辛亥革命後孫中山追贈鄒容爲大將軍，經四川省重慶市巴縣政府批准，將鄒枚過繼給鄒容爲子，繼承烈士後嗣。

1917 年鄒枚與傅女士結婚（留下佳德、佳參在重慶），結婚 10 年，1927 年鄒枚病逝，年僅 29 歲，傅女士於 1979 年去世，終年 80 歲，此照片是我們母親留下的。

▲ 1982 年筆者一家於先祖父太炎先生墓前合影。

▼太炎先生在上海成立家庭後第一個住址：今延安中路「永年里」1109 號。(筆者攝)

◀太炎先生一九一七年夏至一九二二年仲夏在上海住址：今連雲路「也是廬」。(筆者攝)

►太炎先生一九二七年夏至一九三〇年夏在上海住址：同孚路同福里，即今石門一路同福里八號。(筆者攝)

▼太炎先生一九二二年夏至一九二七年仲夏在上海住址：今南洋橋裕福里二號。（筆者攝）

▼太炎先生一九三〇年夏至一九三四年春在上海住址：今石門一路同福里十號。（筆者攝）

◀一九二七年秋及一九二八年春在虹口，今餘杭路十五～二十一號原日本吉住醫院，躲避國民黨當局第一次通緝。（筆者攝）

►一九二八年十一月底至一九三〇年夏，太炎先生爲逃避當局第二次通緝，匿居於今成都北路二十一弄十二號。（筆者攝）

▲ 太炎夫人湯國棃 1915 年 1 月致太炎先生信的信封。地址爲「上海孟納拉路 1109 號」，即今延安中路「永年里」。信封由章氏家屬收藏。（以下二頁）

▲太炎先生等爲鄒容墓重修後的照片，墓碑係太炎先生所題。(筆者攝)

◄太炎先生詩稿手迹。原稿由浙江圖書館收藏，共一頁，餘稿由章氏家屬收藏，已由齊魯出版社影印—《章太炎自寫詩稿》。

春日書懷 戊辰

僦居雖近市喧闐如深湫書史有常度井竈無停
漚肉食漸忘味時復親乾餱瓠泉治百合蘿蔔浸麻油
初日上露臺暴我羖羊裘穿來園不遠晝眠無與郵
人生貴適志大行非詭取季艾既棄杖東郭方傾輈
文淵矜顧盻終然困壺頭借問茂陵兒何如馬少游

銅雀 戊辰

銅雀復銅雀歲星俄已終問君何棲止委身荊棘中
赤眉軼濤代長狄潛金墉不豪一以望永負分香翁

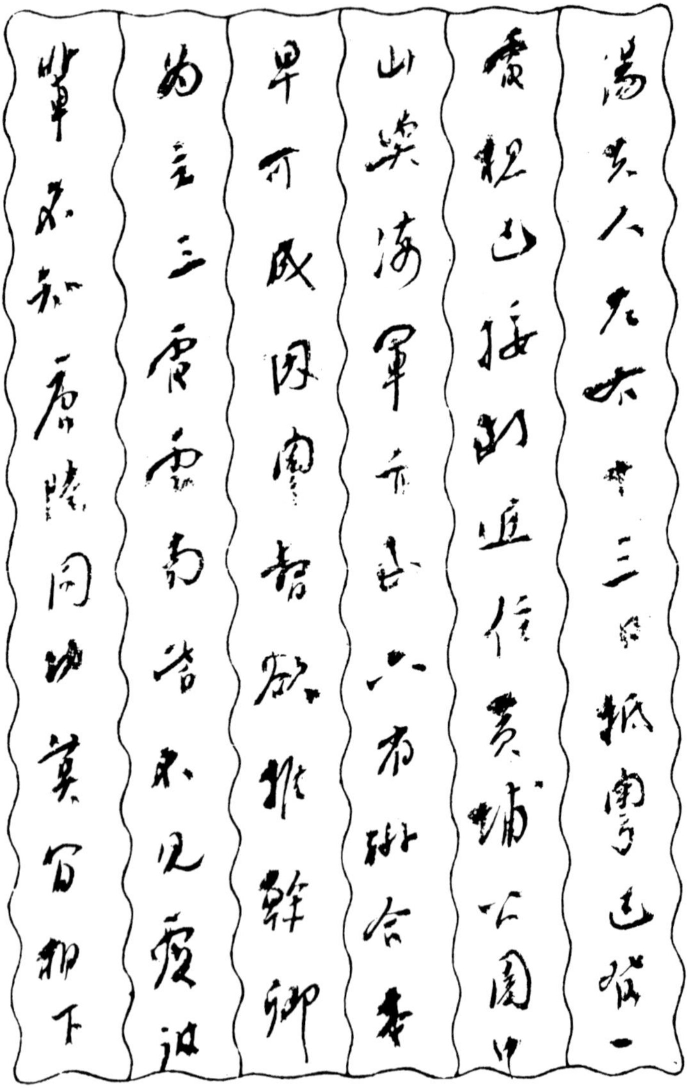

▲太炎先生致湯夫人信及附致汪精衛信。

原稿由章氏家屬收藏。(以下四頁)

而欲以一人手至空其寡助也
中心勿以或可將此解淺近
正在等高中也榮日暑者神
自將為要　懶讀而十
別此精衛一言諸少費帶
十

精衛兄鑒廿三抵電廿七
中山亦已返住黃埔公園陳
彝欲懸夜而來中公明之意
因六君擬介本館推薦卿為主
三次督電漢府不應是以積
還再未知廣陵同功為何細下

然以一人專主空乏處助如此

山如主席為將服而陳立夫兄

滿意[ink blot]達諒此時村落思想但

亦有韓卿一人可充空缺

但厚諸公借重來我亦稱

先列開會關于廣州發為應（人數不足尚可勉強辦議）

當中山先生議復前告書電

弟炳麟叩

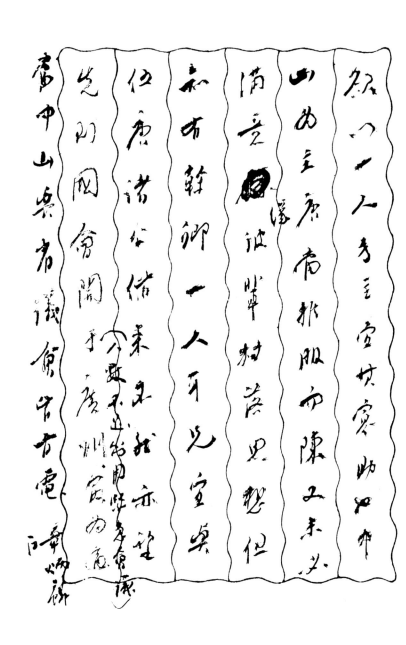

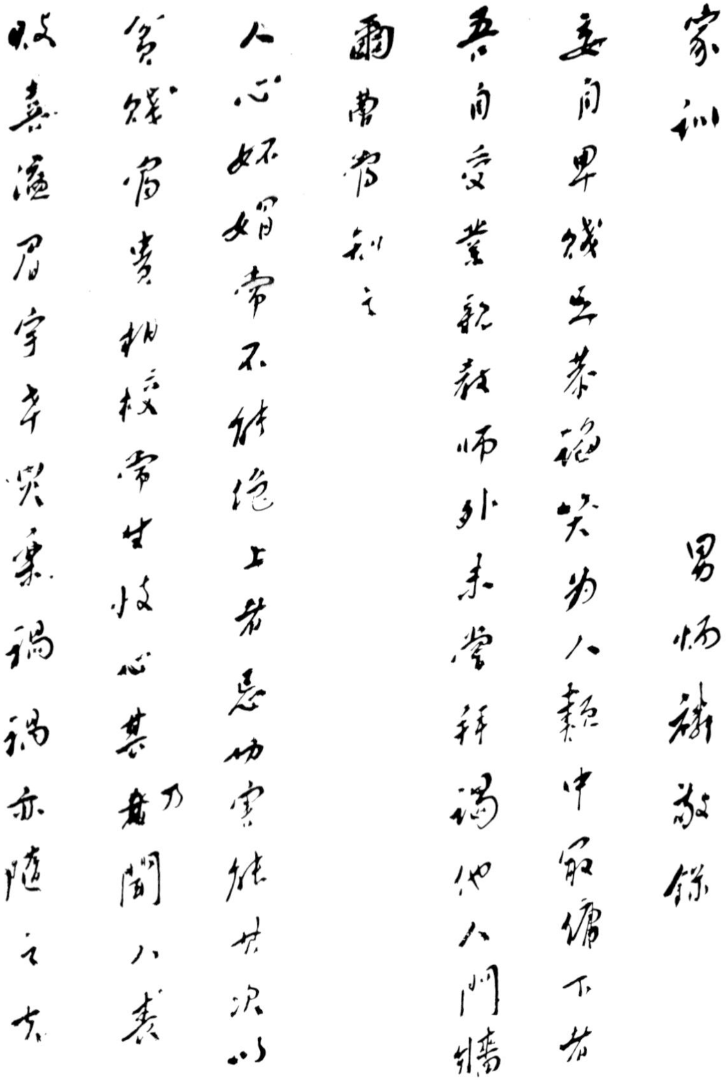
家訓　　男炳麟敬錄

妄自卑賤，足恭謟笑，為人類中最庸下者。吾自受業親教師外，未嘗拜謁他人門牆，爾曹當知之。

人心妬媢，常不能絕，上者忘功實，能甘次以貧錢富貴相校，常生忮心，甚乃舞鬪，八表賤喜適眉宇，卒哭棄禍，禍亦隨之矣。

▲太炎先生手錄家訓二頁。原稿由章氏家屬收藏。

以高才不遇殉情刺世者獨步失于中
道從人已相衡本無短長乎無德異不
足言獨于此勝然
師之尊嚴無間高下傳道解惑以此授
文字校方名皆被學雖有高下共爲戲
師也爾曹造次談論常稱師字常哉之

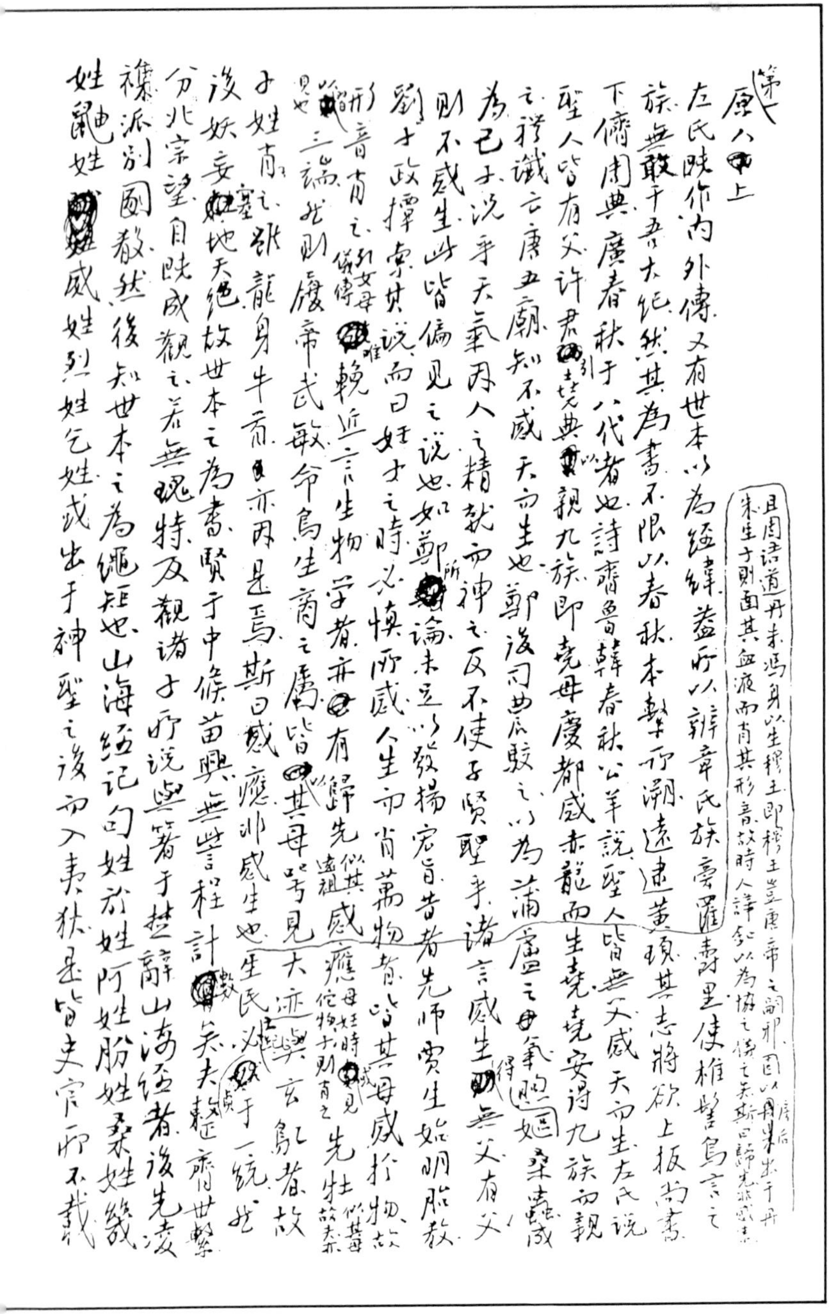

▲太炎先生《訄書》原稿之一——〈原人〉上一頁。原稿由上海社會科學院歷史研究所收藏。

是爲世本增域外異聞焉。其佗帝繫名號，則棼繆難理，及以世本爲權度，則
亦然。然昭晰，然後知世本之爵方德圖也。帝俊一名也，帝俊生中容，則高陽也，
帝俊生帝鴻，則少典也。帝俊生黑齒姜姓，則神農也。帝俊妻娥皇，則虞舜也，
帝俊生季釐生后稷，則高辛也。及言帝俊竹林與夫妻羲和常羲者，其
名實尚不可知。老童之子寒曰吳回，則祝融是也。今言炎帝之妻赤水之子聽訞
生炎居，炎居生節竝，節竝生戲器，戲器生祝融，祝融見放于崇山，蓋與伯
鯀同列。今言鯀妻士敬，士敬子曰炎融，生驩頭矣。三苗與驩頭同列，今言
顓頊生驩頭，驩頭生苗民，苗民釐姓矣，依姓出于黃帝十四子，今言禹生
均國，均國生役采，役采生修鞈，修鞈殺綽人，帝念之，潛爲之國，是此毛民，
毛民依姓，食黍，使四鳥矣。苟無世本以引前繩墨，則周任眩其目，史佚沫其
己兩。今繩墨異矣，與之博覯于疑義，而新知又可得也。古者王霸顯人之號
或對世仍用，或摭取先民，與今歐羅巴人無異。是故商帝稱湯，而其後
亳王亦曰湯也。秦本紀：寧公二年，遣兵伐蕩社。三年，與亳戰，亳王奔戎，遂滅蕩社。集解：徐廣曰：蕩音湯。社，一作杜。皇甫謐云：亳王號湯。索隱曰：蓋成湯之胤裔。
氏祖曰秦仲，而二世亦曰秦中也。郊祀志：南山巫祠南山秦中。秦中者，二世皇帝。然全謂秦中即秦仲，秦世稱仲，仍世稱叔，猶趙世稱孟。傳說帝
鴻氏有不才子，謂之渾敦，西山經言渾敦實爲帝江。江即鴻之省借然

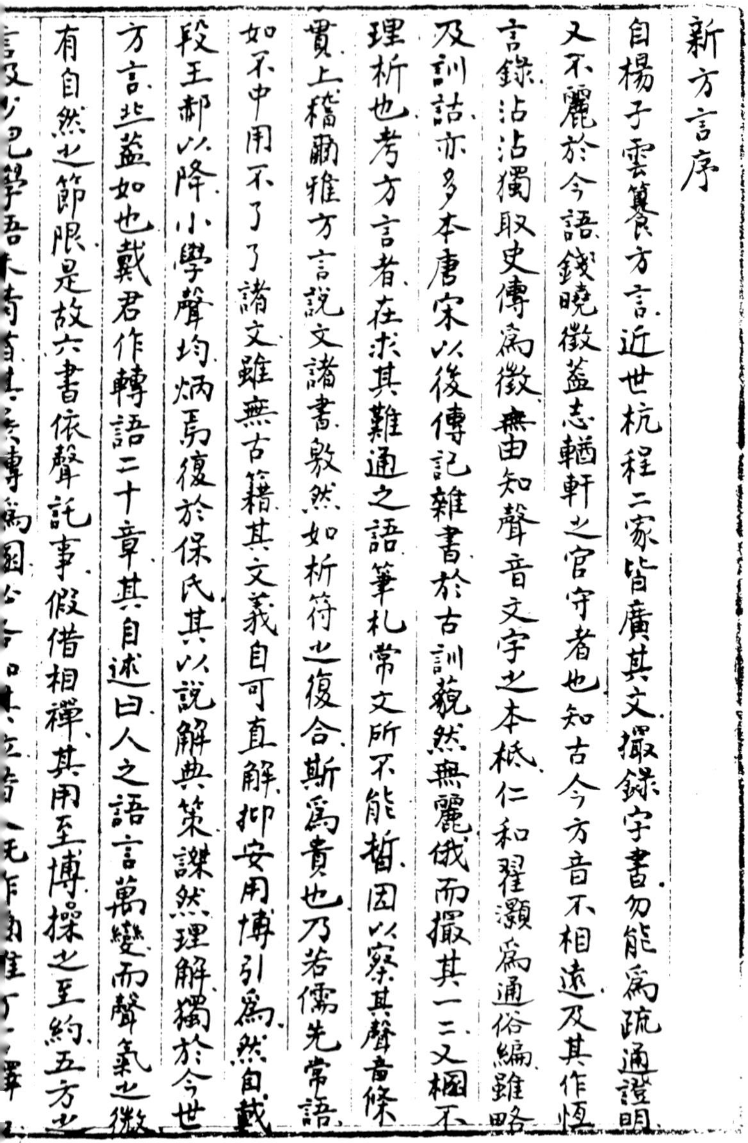
新方言序
自楊子雲篹方言近世杭程二家皆廣其文撮錄字書勿能爲疏通證明
又不麗於今語錢曉徵蓋志輶軒之官守者也知古今方音不相遠及其作恆
言錄沾沾獨取史傳爲徵無由知聲音文字之本柢仁和翟灝爲通俗編雖略
及訓詁亦多本唐宋以後傳記雜書於古訓藐然無麗偶而撮其一二又掍不
理析也考方言者在求其難通之語筆札常文所不能悉因以察其聲音條
貫上稽爾雅方言說文諸書敫然如析符之復合斯爲貴也乃若儒先常語
如不中用不了了諸文雖無古籍其文義自可直解抑安用博引爲然自戴
段王郝以降小學聲均炳焉復於保氏其以說解典策諜然理解獨於今世
方言𣎴蓋如也戴君作轉語二十章其自述曰人之語言萬變而聲氣之微
有自然之節限是故六書依聲託事假借相禪其用至博操之至約五方之

▲太炎先生〈新方言序〉。原稿由章氏家屬收藏，今贈杭州章太炎紀念館。

余以為猶賸一卷書排為是篇用補其賸疑於義者以聲求之疑於聲者以
義正之（以上載說）善哉非耳順者孰能與於斯乎、轉語書軼不傳、後昆莫能繼其
志名守曉慢、大共以小學之用趣於道古而止、微歟、不知其術、雖家人簟席
閒、造次談論、且弗能自證其故、方今國聞日陵、夷士大夫厭古學弗講、獨
語言猶不違其雅素、殊言絕代之語尚有存者、世人學歐羅巴語、多尋其
語根、溯之希臘羅甸、今於國語顧不欲推見本始、此尚不足齒於冠帶之
倫、何有於問學乎、余少窺楊許之學、好尚論古文、於方言未偟暇也、中更
憂患、悲文獻之衰微、諸夏昆族之不寧壹、略播殊語、徵之古音、稍稍得其
腮理、蓋有誦讀占畢之聲、既用唐韻、俗語猶不違古音者、有通語既用今
音、一鄉一州猶不違唐韻者、有數字同從一聲、唐韻已來一字轉變、餘字則
猶在本部、而俗語或從之俱變者、迒陌紛錯、不可究理、方舉其言、不能徵
其何字、曷足怪乎、若夫矜之為光棍也、耿之為耳卦也、亞腰之為呼腰也、和

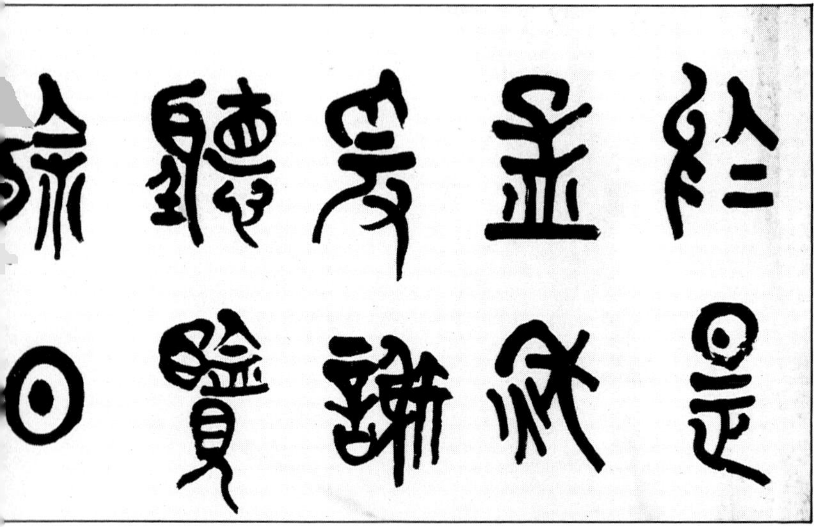

▲ 太炎先生篆書作品一件。原稿由章氏家屬收藏。

辛未臘月炳麟

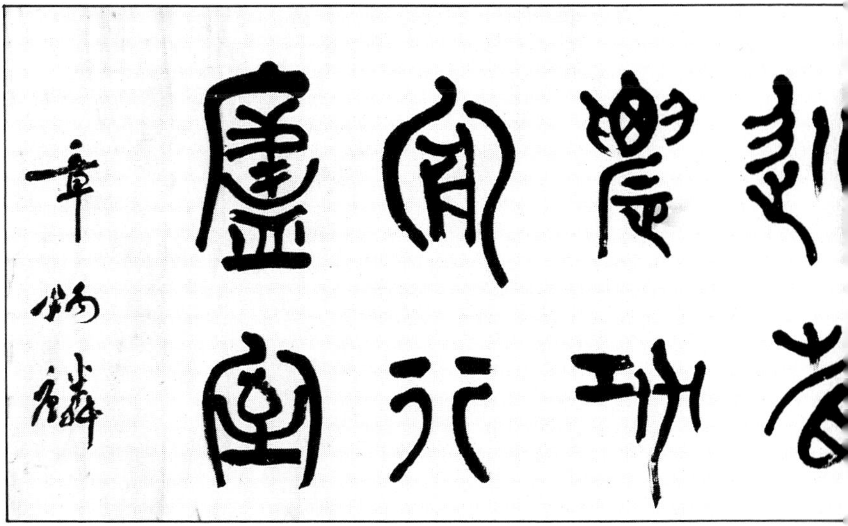

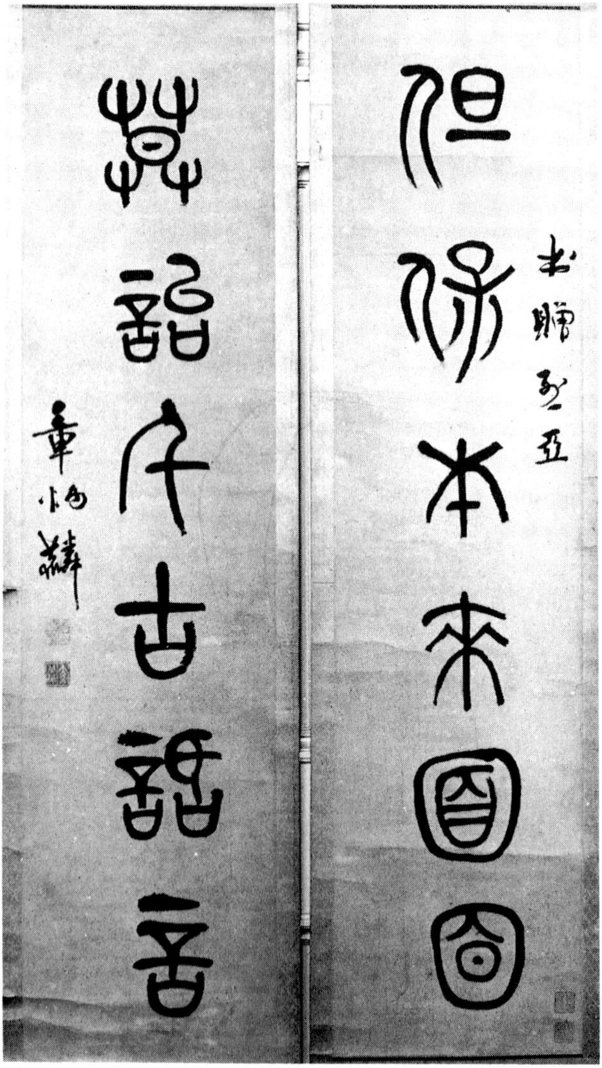

▲太炎先生致梁烈亞對聯，勉勵革命者要「保持本來面目，不要做千古罪人」。原稿由梁氏收藏，本照片爲梁氏所贈。

◄太炎先生以小篆錄寫的〈養生論〉。原稿由章氏家屬收藏。

▲太炎先生印章之一——「中華民國老人」。
原印由章氏家屬收藏。

▲太炎先生印章之二——「護法後援會章」。
原印由章氏家屬收藏。

三民叢刊110

滬上春秋

——章太炎與上海

章念馳著

三民書局印行

前言

章念馳

太炎，在中國近代政治史、思想史、學術史、文化史上，曾起過至深至廣歷史作用的一位巨人，被今人尊為「中華英傑」，當然，對他的批評也曾同樣之多。但是，這種爭議在他逝世半個多世紀後的今天，已漸趨一致，當然，絕對的一致也是不可能的，如今肯定已多於否定，就足以證明人們對他的尊重。歷史常是「吹盡狂沙始見金」，時間不僅沒有使他褪色和被遺忘，相反，人們在隔代平靜後更加珍視他的價值，越來越平和地重視這位「有學問的革命家」或「有革命業績的學問家」，敬仰這位近世最具愛國熱腸和風骨的知識分子，他的人品和學說，被稱之「章學」，為世所重。這恐怕是太炎始未所料的，他生前大半歲月是在逆境中度過的，也許他更習慣於聽到漫罵。

太炎的大半輩子是在上海度過的，他雖然是浙江餘杭人，但上海是他的第二故鄉。他於一八九七年離開杭州詁經精舍，摒棄書齋，以一介書生投入社會革命洪流，步入社會的第一站就是上海，年僅三十，以後在上海辦報、講學、著述、革命、坐牢、生息，凡三十餘春秋，幾乎參與了他這個時代的所有重大的歷史事件，顛沛了大半輩子，直至六十七歲移居蘇州。三十多春秋的浦江水，哺育了太炎，使他對上海留下了無限眷情，同時也為上海史留下了斑斕的一頁。因此，研究太炎寓滬的經歷、思想、著述、生活的變遷，是非常必要的，只有了解了他與上海，才能了解他的一生。半個多世紀來，論述太炎的文章，僅我所見有一千五百篇之多，卻未見有論太炎與上海的作品，迄今史界對他一生出入上海多少次，寓居何處，作何活動，思想變化脈絡，語均未詳，甚至有數年缺訛，不知他在上海住於何處作何事情等等，這對「章學」研究，實是大憾。我作為史學工作者，又係他的後人，常常為之不安。但是，史學確是需要幾代人的共同努力，所謂「前史未修，後世轉慎」，歷來如此。

我在十年前，曾草撰了〈太炎先生滬寓考〉一文，但自揣淺薄，沒敢發表，因為太炎的寓滬經歷，如果不與當時的歷史環境結合，不從整個中國近代政治史、思想史、學術史、文化史著手，不掌握他思想變化的內因與外因，是無以表述清楚的。十年來，我不斷補充資料，考證史實，尋找佐證，嚴肅思考，終於撰成此文，勉可將太炎滬上豐富的經歷，扼要地奉獻給諸位，並力圖加以客觀地公正的評述，力求為讀者展現一段真實的歷史和展現一個真實的太炎。史學是嚴肅的科學，不容臆想與虛構，拙文不敢說完全做到「斷感情汰華詞」和無一字無來歷，但是忠於史實的。今後我還將撰寫太炎和他的故鄉、太炎與日本、太炎與南洋、太炎與蘇州等，加上拙文太炎與上海，也許可構成一個完整的太炎。

毋用諱言，太炎曾因種種人為的因素，長期受到許多極不公正和粗暴的待遇，所幸的是，這一切終於成為了過去，就像烏雲無法阻擋太陽的復出，人們崇尚真實與光明，也是無法阻擋的。的確，一個對歷史不公的社會，也一定不是政治清明的社會。拙作得以在海峽彼岸出版，證明時間與理智會帶走種種恩恩怨怨，而再復歷史的本貌。三民書局發表拙作，不僅僅是對我的厚愛，也顯示了對讀者的一片愛心，敢於正視過去，是對未來的公正。我們梳理史實，並非單純念舊追古，而是為了未來。我衷心希望，拙作能令讀者開卷有益，增進對太炎的了解，並透過他與他經歷的這一段歷史，對多災多難的中國近代史，有更多的了解，從而決定對未來的選擇。

在我完成這最後一頁之際，我——不禁長長地舒了口氣，不管世人會怎樣評價拙文，我至少完成了先祖母、先父的重託，這託咐使我十多年來無日不感到責任沈重，今差可告慰先人矣。在我完成衆多社會工作之餘，奮筆趕稿時，杭州舉行太炎誕辰一百二十五周年紀念會暨章太炎研究會成立典禮，我竟沒有與會，也沒有去接受研究會秘書長之冠，似很不近人情。我想，拙文將是對太炎最最好的紀念，中國自有這樣傳統——後死者當完成先人未竟之業，但這需要一顆純潔的心和腳踏實地的幹。為此，我不能不感激三民書局劉前輩振強董事長的鼓勵與支持，使我終於擠出時間完成了多年一直沒有完成的拙稿，這種支持也許將澤照幾代人。我先智不聰，少又失學，中歲坎坷，因此拙作之中，一定不乏不足不處，懇請十方不吝大教為感。

寫於一九九四年二月十六日烏中大樓

滬上春秋——章太炎與上海 目次

從戊戌變法到辛亥革命

太炎第一次到上海是一八九七年一月。

中日甲午戰爭之後，臺灣被割，遼東被占，賠款又是二萬萬兩銀，民族危機日臻深重，帝國主義的火砲，把清王朝「中興」的華衮撕碎，把「洋務新政」的泡沫轟得無踪，一些先進的中國人紛紛蜂起尋求救國圖存的出路。太炎當時在杭州詁經精舍隨國學大師俞曲園先生治經，已七年之久，已是一個頗有名望的青年漢學家，但國家的沉淪，民族的危亡，使他再也無法安坐書齋與古書爲伍，他決心投入救亡行列。時康有爲適創辦旨在「富國強兵」的「強學會」，太炎卽寄銀十六圓，報名入會。不久，「強學會」被當局禁封，梁啓超便將「強學會」餘款，與汪康年一起創辦宣傳變法的《時務報》。太炎很欣賞《時務報》，而該報總經理汪康年又係太炎同鄉，且有戚誼，因此當汪康年「遣葉浩吾至杭州來請入社」❶，太炎便欣然接受，毅然摒棄書齋，隨葉浩吾一起前往上海，入《時務報》任編輯，開始了他政治生涯，時年三十歲。

上海自一八四三年開埠，至時已逾半個世紀，西方列強以洋槍洋炮敲開了閉關自守的中國大門，英國「阿美士德號」率先闖入了上海，接著《南京條約》的簽訂，使上海繼廣州之

---

❶ 章太炎〈口授少年事跡〉。

後也對外開放。從此洋人在上海迅速開設商行、建倉庫、造碼頭、辦學校、立租界、開工廠……，外國資本在上海迅速發展，隨之帶動了中國民族商業、航運業、金融業在上海的發展。上海本來地理位置優越，有「江海通津、東南都會」之稱，近代企業與洋務運動在上海的興起，使上海漸成全國經濟中心，同時也使上海成爲傳播西學的文化中心。繁華的上海，使許多愛國的知識分子在這裏品嚐到西方物質文明的艷果，同時反思中國落後的原因，自然地萌發了向西方學習的思潮，使上海成了改良派的溫床。維新派在上海辦起了許多報刊，從一八九五年至一八九八年，維新派在全國共創辦報刊四十種，其中二十七種都是在上海發行，其中尤以《時務報》的影響最大。

太炎就是在這樣的歷史時刻，來到了上海，開始在《時務報》任編輯，同時也居住在《時務報》館內。當時《時務報》址在四馬路（今福州路）福建路口。梁啓超當時也住在報館內，「獨居一小樓上揮汗執筆，日不遑食，夜不遑息」❷，宣傳變法，反對守舊，一紙風行，成全國維新派聚集地。

太炎第一次到上海工作與生活的時間並不長，僅三個月。當時他在《時務報》上先後發

❷ 梁啓超〈創辦時務報原委〉，載《戊戌變法》第四冊，第四五八頁。

表了〈論亞洲宜自爲唇齒〉和〈論學會有益於黃人亟宜保護〉兩篇文章，針對清政府親俄賣國的外交以及禁止「強學會」的內政，提出了強烈的批評，主張「今之亟務，曰：『以革政挽革命』」，在政治上鮮明地支持改良主義。由於他文辭犀利，論說有力，頓時在維新志士中引起很大反響。譚嗣同在給汪康年與梁啓超信中說：「貴館添章枚叔先生，讀其文，眞巨子也，大致卓公（梁啓超）如賈誼，章似司馬相如」❸。黃遵憲給汪康年信中說：「館中新聘章枚叔、麥孺博，均高材生，大張吾軍，使人增氣」❹。可見太炎一經投入政治鬥爭行列，就顯示出他的不凡身手。但是，太炎由於在學術上與康有爲、梁啓超「輒如冰炭」，使他在《時務報》僅僅逗留了三個月。

康有爲當時因維新變法的需要，將孔子偶像化，把孔學宗教化，欲建「孔教」，用孔子的「三世說」，來「託古改制」。而太炎對康有爲自封爲「南海聖人」，欲當孔教的教皇，以及對康有爲今文經學的「詭誕」，以新的迷信來取代舊的迷信，終不能表示苟同，致遭康、梁門徒「攘臂大哄」，而只好結束《時務報》工作，憤然返回杭州。譚獻在他《復堂日記續錄》四月二十八日日記中記道：「聞章生枚叔與同事哄而去」。孫寶瑄則在他《忘山廬

---

❸ 譚嗣同〈致汪康年、梁啓超信〉，載《譚嗣同全集》第三七一頁。

❹ 黃遵憲〈致汪康年信〉，載《汪穰卿先生師友手札》。

日記》中，清楚記載著太炎離去的原因與時間。據《忘山廬日記》四月十五日（三月十四日）日記說：「枚叔以酒醉失言，詆康長素教匪，為康黨所聞，來與枚叔辯，至揮拳」。因學術觀點不同，太炎竟遭圍攻和拳毆，故憤去。四月十六日（三月十五日）孫寶瑄日記說：「送章枚叔行」，即送太炎返浙鄉。由此可見，太炎第一次來滬時間為一八九七年一月，離滬時間為四月十六日，歷時三月不到。

從太炎第一次來上海的經歷，也是他首次投入政治鬥爭行列的表現來看，他有熾熱的追求，他有倔強的性格，注定他不會輕易隨俗，第一次登上社會就遭「揮拳」，似乎預示了他以後的道路，將陰影常伴，難以揮去。

太炎返浙後，與宋恕、陳虬等人發起成立了「興浙會」，同年八月初，又一起創辦了《經世報》，太炎任主筆。《經世報》設分館於上海新馬路福源里。八月二十七日，太炎又與王仁俊等創辦了《實學報》，地址設在上海「英大馬路泥城橋鴻文局隔壁」❺，太炎任總撰述。太炎是否於此時第二次來到上海，我還找不到確切史據。而姜義華《章太炎思想研究》一著中說：「他（太炎）赴滬之前，具體的審稿編纂任務由王仁俊等負責」，也就是說，太

---

❺ 湯志鈞〈清末民初上海的報刊〉，載《出版史料》一九八八年第三～四期。

炎當時不一定來到上海，不知姜著根據何在？而〈實學報敍〉是太炎撰的，發表於《實學報》第一册。因爲無據，故不敢肯定太炎第二次來滬時間是《實學報》創刊的一八九七年八月。但是，有一點可以肯定，該年十月，太炎是一定到了上海。因爲他與陳虬、王仁俊等人政治觀念上的不合，導致了他先後脫離《經世報》和《實學報》，又與惲積勳、惲毓麟等人在上海組織了「譯書公會」，並於十月二十六日創辦了《譯書公會報》，由太炎與楊模爲主筆。太炎友人孫寶瑄在他日記中記道：「十一月四日（十月初十），晡，訪章枚叔於譯書公會」❻。可見太炎第二次到上海時間應該在一八九七年夏秋之間，即八月至十月之間。

《譯書公會報》內容與太炎過去參與辦的幾個報刊不同，主要是採譯歐美日本「近時切要之書」，爲維新志士向西方學習，提供一個窗口。太炎在《譯書公會報》序文中說：「互市以來，所傳譯泰西書，僅逮四百種」，遠不足向西方學習所需，而這些書「不遍流布，拘學淺夫，至不能舉其目」，因此辦此報，取東西報章，「譯以華文，冠以簡端，使學者由唐陳而識宧奧」。正如毛澤東所說：「那時，求進步的中國人，只要是西方的新道理，什麼書也看」，「即所謂新學，包括那時的社會學說和自然科學」。太炎正是以極大熱情來介紹新

❻ 孫寶瑄《忘山廬日記》第一四三頁。

學，力圖系統地全面地透徹地將新學介紹到中國。

這期間太炎與滬上許多開明人士有著廣泛交往，如汪康年、譚獻、夏曾佑、宋恕、譚嗣同、梁啓超、孫寶瑄等人，其中尤與汪康年、孫寶瑄交往最密，迄今存世的《汪康年書信集》及《忘山廬日記》，爲我們了解太炎早年思想與行跡，提供了不可多得的第一手資料，特別是孫寶瑄的《忘山廬日記》，僅一八九七、一八九八、一九〇一三年的日記中（一八九九、一九〇〇兩年日記佚），清楚地記載了他倆交往達七十多次。孫寶瑄說：「章太炎，余莫逆友也，學貫古今，尤粹經學，爲當代鴻儒，其文章取法周秦諸子」❼，故他們經常一起切磋學問，縱論天下大事，關心變法維新，常「作竟日談，上燭乃去」，「枚叔過談，夜深乃去」、「枚叔過談終日」，可見交往之深。因此，從孫寶瑄日記可知，太炎一八九七年底至一八九八年初，基本上是在上海度過，主要工作是在《譯書公會報》，直至該年春節，曾返鄉度假。孫寶瑄《日記》一八九八年一月十日稱：太炎來寓「過談」；又據譚獻《復堂日記續錄》一八九八年一月二十二日（正月初一）稱「章生枚叔入室長談」，可見太炎春節前尚在上海，後曾返浙鄉過年。二月十八日「枚叔至自杭」❽。二月二十四日，孫寶瑄「至譯書

❼ 《忘山廬日記》第五六六頁。
❽ 孫寶瑄《忘山廬日記》第一七二頁。

公會晤枚叔，晚歸」⑨。可見太炎曾離滬一次，約一個月光景卽返，但這不能算第三次來滬，因爲並未中斷工作。

由於太炎與孫寶瑄的關係密切，而孫寶瑄是宦家子弟，李鴻章的侄女婿，孫寶瑄對外舅李鴻章的態度，一定程度影響了太炎對這洋務派領袖的看法。孫寶瑄曾告訴太炎，李鴻章曾感慨地對他說：「吾大臣，天子之牛馬也，汝輩，猶蟣蝨」，孫接著說：「百姓如草芥矣」，李對此說竟也不置可否，只謂改良變法「至此都無用！」表現了無可奈何之憤。所以太炎誤以爲李鴻章內心深處是贊成維新變法的，於是對李鴻章產生了幻想。因此，太炎於一八九八年春，上書李鴻章，提出了自己維新變法的詳盡見解，希望李鴻章出來「轉旋逆流」，並祈得到李鴻章的賞識與器重。結果，上書如泥牛入海，杳無覆音，而國家危機卻一日甚於一日，帝國主義割地熱一日勝於一日。

就在太炎失望之餘，另一個標榜擁護革政的兩湖總督張之洞來邀請太炎赴鄂主筆《正學報》。張之洞當時在鄂推行「新政」，撰《勸學篇》而鼓噪一時，經夏曾佑、錢恂推薦，得知太炎爲一代經學大師俞曲園高足，又著有《春秋左傳讀》，與張之洞本人崇《左氏》惡

⑨同⑧。

《公羊》見解相同，故特邀太炎赴鄂前去相助。太炎受邀非常高興，認為可以大顯一番身手，故立即出發。三月二十八日匆匆離滬，甚至不及與眾友辭行，直至以後才寄〈九江舟中寄懷〉一詩給孫寶瑄，表示「臨行不及話別」。但是，太炎一經與張之洞及其幕僚接觸，馬上發現張之洞一伙，不過貌似開明，以博得同情維新運動的美譽，骨子內卻依舊，決非變法維新者，因此在政治上和學術上，與張之洞一伙無一共同之處，故僅逗留了四十多日，又險遭「揮拳」，遂於五月二日回到上海。

第三次來到上海的太炎，在政治上稍稍成熟起來。孫寶瑄在他五月三日《日記》中說：「枚叔，昨日由鄂歸也，縱談至晡。」太炎感慨地認識到，要搞變法是不能依靠李鴻章、張之洞這些人。

從《忘山廬日記》，我們可知太炎從鄂返滬後，至少逗留到六月初，才返杭州故里。孫寶瑄六月初也曾去杭州，六月七日曾「訪枚叔不遇」⑩，第二日，太炎去回訪他，「是日，枚叔過談」⑪，六月十七日他們還一起去湖上泛舟。不久，孫寶瑄回上海，太炎也再一次來上海。孫寶瑄七月十日《日記》說：「枚叔至自杭，過談」⑫。太炎這期間在上海繼與維新派

⑩ 孫寶瑄《忘山廬日記》第二〇九頁。
⑪ 同⑩。
⑫ 孫寶瑄《忘山廬日記》第二三九頁。

廣泛交往，討論種種社會問題、變法問題和學術問題，並繼續撰文和譯著，生活也較豐富多彩，他們曾一起「至浦灘觀燈」，「至張園，夜觀煙火」，「論譚甫生《仁說》」，「爲議《蒙學報》改章事」，往往與孫寶瑄等「過談終日」。這時正值光緒皇帝發布「明定國是」詔書，宣布要變法，這使一大羣要求維新的愛國知識分子浸沉在一片夢求多時的「革政」歡樂之中。孫寶瑄也曾兩次去《時務報》看望太炎，太炎這期間來滬仍宿於《時務報》館，但地址已由四馬路福建路口，「移屋泥城橋」。

該年八月十七日，《時務報》經理汪康年別創《昌言報》。馮自由說：「章返滬數月，適汪康年與梁啓超爭管《時務報》，梁被擯，《時務報》遂由汪改稱爲《昌言報》，仍聘章主持筆政」⑬。孫寶瑄《日記》九月二十八日稱「詣《昌言報》館晤枚叔」，因爲《時務報》已改爲《昌言報》了。太炎雖任《昌言報》主筆，但《昌言報》一至六册，未見太炎發表任何論政或論學的文章，僅發表了他與曾廣銓合作翻譯的近代社會學主要奠基人斯賓塞的文集，這是由曾廣銓口譯，太炎筆述的一部譯著，分多期連載。太炎這期間沒有發表其他作品於該刊，恐是不願捲入汪康年與梁啓超之間的糾紛，太炎在對待清政府的態度上與康、梁

⑬ 馮自由《中華民國開國前革命史》第十四章；〈壬寅支那亡國紀念會〉。

有異，但當時康、梁正在對清政府中頑固勢力進行著艱難的鬥爭，太炎也不願將自己與康、梁的分歧公開暴露在這些頑固派的面前。

「革政夢」的幻想很快被紫禁城裏頑固派吹醒了，「百日維新」很快被那拉氏扼殺。從孫寶瑄《日記》中，可以清楚看到太炎在戊戌變法失敗前後的表現。《日記》九月二十三日稱：「過午，枚叔來。……告余以駭人之語，謂得京電云，不敢信」。所謂「駭人之語」，卽是新政風雲突變，光緒皇帝被囚，譚嗣同等被捕，康有爲、梁啓超出逃，兩太后復垂簾，變法宣告流產！第二日，卽孫《日記》稱「有嚴捕康長素之說」。第三日《日記》有：「奉旨緝捕十六人，……朝局大變」。第七日《日記》有：「聞奉旨康廣仁、譚嗣同等六人，皆於是日正法」。一片白色恐怖，自北而來，不久又傳來「各處封禁報館，捕拿主筆者」消息。太炎沒有被突來的變化嚇倒，反而促使他拿起筆來向以慈禧爲首的整個反動保守勢力宣戰，他在悲憤中用心和淚寫成了〈祭維新六賢文〉，高度評價了維新六烈士爲民族覺醒而死，死得其所。十月二十日，太炎又在《昌言報》發表了〈書漢以來革政之獄〉，對漢唐間多次改革運動失敗的原因進行了總結，成爲對戊戌變法失敗的第一篇總結歷史教訓的文章，表達了對革新者的巨大敬意，指出革新者無可避免流血犧牲，犧牲者蒙受的不白之冤一定會得以詔雪，號召人們不要氣餒，並痛責助紂爲虐的「設淫辭而助之攻也」文的「反覆小人」，卽影射袁世凱、張之洞、梁鼎芬之類醜惡嘴臉。

戊戌變法的失敗，對維新派是巨大打擊，也促進了維新派的覺醒與分化，有的玩潮者退匿了，有的則挺起胸膛繼續奮進。太炎因參加「強學會」，又主筆許多主張改革的報刊，變法失敗，仍不緘言，至遭株連，遭到通緝。據太炎〈口授少年事跡〉自云：「康、梁事敗，長江一帶通緝多人，余名亦在其內，乃避地臺灣」。十一月底離開上海，十二月四日抵達臺北[14]。從此開始了他七次之多通緝和流亡的生涯。

太炎避地臺灣是携妻王氏及長女㸚、次女叕同往，在臺灣留居半年。在臺期間任《臺灣日日新報》特約撰述人，在該報共發表了近四十篇文章，並為《清議報》撰寫大量文章，他以一支筆，評擊清政府和慈禧等的種種罪惡，謳歌「六君子」的功績。他在痛定思痛之後，對維新變法作了深入的總結，善於思想是太炎最重要之特徵。他逐漸對康、梁仍將變法希望寄託在光緒皇帝重新親政之上，產生了疑問，他開始感到，不應該再對清政府抱有希望，應該擁有自己的力量，包括擁有自己的軍隊，否則，政治革新是不可能成功進行的。同時，他對康、梁以及譚嗣同在哲學上的局限性，也進行了清理，指出變法的失敗是改革派還沒有

[14]《汪穰卿先生師友手札——章太炎致汪康年書三》。

與傳統的人生哲學決裂，因此他們在學術上表現出濃厚的非科學的色彩。於是，太炎在〈菌說〉等一系列文章中，對於傳統的人生和人倫哲學，作了進一步的批判。

一八九九年七月七日，太炎離臺灣前往日本。在離臺前，他寫信給大哥章炳森，請他將眷屬王氏及二個女兒帶回浙鄉，因爲他的二女兒章叕在臺「患痢疾」。太炎次女在回憶這段歷史時說：「父親寫信通知大伯父來帶我們回家，父親就獨自一人轉赴日本繼續避難」⑮。七月十一日到達神戶，經梁啓超介紹，會見了孫中山，「聆其議論，謂不瓜分不足以恢復，斯言卽流血之意，可謂卓識」⑯。對孫中山的主張，卽中國不經過流血鬥爭，沒有成功可能之說，表示贊同。但是，太炎在日本目睹維新派人士，有的熱衷追名逐利，有的變得明哲保身，感到失望，於是對康、梁等人的政治品質也產了懷疑。這時，太炎「在日本生病」，他妻王氏「得知消息，心焦如焚，急忙籌措盤費，攜著七歲的大姐和二歲的我（章叕），身懷未出世的三妹，再次離家遠渡重洋，來到父親身邊，日夜悉心照料我父親」⑰。太炎稍康復，便攜家離日，秘密返回祖國，於九月下旬到達上海。旋潛返杭州，「自歸杭以後，未嘗巢

---

⑮ 章叕〈憶先父章太炎〉，載《餘杭文史資料》第二輯——《章太炎先生專輯》。
⑯ 《汪穰卿先生師友手札——章太炎致汪康年書五》。
⑰ 同⑮。

寓」，宿「奎元巷乃家兄邸寓」⑱。同年十月十二日，太炎離杭州，「暫歸餘杭」⑲。這期間，太炎「行踪詭秘」，「間亦至餘杭小駐」⑳。

十月，《五洲時事匯報》半月刊在上海創刊。太炎在該刊第三、第四期發表〈翼教叢編書後〉、〈論黃種人之將來〉、〈藩鎭論〉。《翼教叢編》是當時詆毀維新運動最力的書籍之一，太炎撰〈書後〉一文加以駁斥。頑固腐儒經常引經據典非難維新運動，太炎也必須爰用經典加以駁斥，好在太炎滿腹經綸不在羣儒之下，信手拈來加以回擊，今日讀來似不知所云，而在當時實在是很精彩動魄的。太炎說：「今之言君權者，則痛詆康氏之張民權；言婦道無成者，則痛詆康氏之主男女平等。清談坐論，自以孟荀不能絕也。及朝局一變，則幡然獻符命，舐痛惟恐不亟」，而康有爲「猶不失忠於所事，彼與康氏反唇者，其處心果何如耶？」將貌似岸然的頑固腐儒面目加以曝光和鞭韃。〈藩鎭論〉闡述了他一種改良設想，他認爲反對滿洲貴族是必須的，而對漢族地方督撫勢力不宜削弱，政變危急之際，「猶賴有數鎭稍有自奮厲，是以扶危而定傾」，對一些漢人督撫猶存幻想。

⑱《汪穰卿先生師友手札——章太炎致汪康年書七、六》。
⑲同⑱。
⑳同⑱。

是年初多，太炎再次來到上海，結識唐才常。後一度與夏曾佑去天津。從夏曾佑〈己亥孟多送太炎仁者游天津〉與太炎〈感遇四首〉，以及宋恕〈和章太炎感遇原韻〉四首，可知太炎當時無論在南在北，深感徬徨壓抑，感到無有謀者。不久，太炎結束北行回到上海。是多，太炎在上海由唐才常辦的《亞東時報》任主筆，並在《亞東時報》第十七號（十一月二十日出版）和第十八號（十二月二十五日出版），分別發表了〈游西京記〉和〈今古文辨義〉。另外，太炎還在「誠正學堂當漢文教習」。

一八九九年底至一九〇〇年初，太炎在上海專志整理他這些年的論著。從張仲仁回憶錄㉑及孫寶瑄《日益齋日記》㉒，可知太炎當時「寓《昌言報》」，他在《昌言報》一邊清理自己思想，一邊對舊作進行刪改補充，他把這些著作分為對正統儒學的批判，對傳統哲學中唯心論和形而上學的駁議，對滿清統治的鞭韃，對中國社會改革的建議，共彙編論文五十篇，出版了他第一部論文集，取名《訄書》，即「逑鞠迫言」之意，表達了他急切不可待地向世人吶喊的意思。己亥年多，太炎將《訄書》原稿交祝小淵去蘇州刊印，於庚子年（一九〇〇年）出版。「《訄書》並非一批論文簡單的匯集，五十篇文章從歷史到現實，從一般原

㉑ 張仲仁〈紀念太炎先生〉，載《制言》第二十五期。
㉒ 孫寶瑄《日益齋日記》，光緒二十五年十二月記。上海圖書館藏。

理到具體主張，從批判到建設，組成了一個結構相當嚴密的理論體系」㉓，「具有豐富的社會內容，強烈的現實性，鮮明的資產階級民主主義色彩，同時，又處處表現出思想上的不成熟」㉔。當時太炎的思想還游移於改良與革命兩途之間，顯示出許多不成熟之處。但初版的《訄書》已在思想文化界引起了很大震動，被中國當時思想界的一位巨人——嚴復稱之謂：《訄書》「不獨非一輩時賢所及，即求之古人，晉宋以下可多得耶？」㉕

就在己亥年臨近歲末之際（十二月二十五日），西元一九〇〇年一月二十四日，慈禧鎮壓戊戌變法後，幽禁光緒於瀛臺，仍感心病未除，欲廢黜光緒，另立溥儁爲「大阿哥」，並定於庚子正月初一（一九〇〇年一月三十一日）接位。以上海維新派爲首的寓滬紳商一千二百三十一人，在上海電報局總辦經元善帶領下，急電北京，反對「己亥立儲」。請願人中除經元善外，還有葉瀚、唐才常、張通典、蔡元培、馬裕藻等，太炎也名列其中。慈禧聞訊，驚恨交集，但迫於中外壓力，她一方面無可奈何地取消了廢立計劃，一方面下令嚴拿經元善等人。這一場繼戊戌變法後的維新與守舊之爭，在上海維新派努力之下，取得了勝利。太

㉓ 姜義華《章太炎思想研究》第一一四頁。

㉔ 姜義華《章太炎思想研究》第一二九頁。

㉕ 一九〇〇年四月十六日，嚴復致章太炎信，原稿爲章氏家屬收藏。

炎名列反對「立儲」隊伍之中，也顯示了徘徊於革命前夕的太炎矛盾心理。

一九〇〇年上半年，義和團運動爆發，清政府在帝國主義列強與義和團二種勢力壓力下，進退兩難，南方督撫趁機鞏固自己勢力。洋務派領袖李鴻章立場尤爲微妙，他一方藉口拖延入京聽詔，一方面與孫中山暗下聯絡。太炎目睹這種狀況，對漢人督撫不禁又產生幻想，於是致書兩江總督李坤一和兩廣總督李鴻章，策動他們「獨立」，以反叛清廷。太炎對李鴻章幻想尤大，曾二次馳書李鴻章，敦促李鴻章趁機發難，起用維新志士，藉機推翻滿清。但是，老奸巨滑的李鴻章反覆權衡個人利弊後，最後拒絕據兩廣而「獨立」，反而接受了清廷授予他直隸總督兼北洋大臣之職。太炎從一八九八年春上書李鴻章，寄望他「轉旋逆流」，而石沉大海；到一九〇〇年春上書李鴻章「獨立」，李卻反而爬上了「北洋大臣」寶座，使太炎看清了督撫們的本質，使他清醒了，幻想破滅了，現實使他懂得，要救中國靠賢明君皇和開明督撫，都是行不通的。

與此同時，唐才常在上海組織「自立軍」，籌備「中國國會」，準備迎光緒皇帝南下建立南方政府。七月二十六日，唐才常等八十餘人集會於上海愚園南新廳，決定成立「國會」，並發布〈宣言〉，決定不承認滿清政府有統治中國的權利，但又提出請光緒皇帝復辟，準備「勤王」，即運用武力，逼迫慈禧歸政於光緒，再靠光緒維新，當時「在會人意氣奮發，鼓掌雷動」。太炎也參加了這個會，另外還有容閎、嚴復、文廷式、吳彥復、葉瀚、狄楚青、張通典、沈藎、龍澤厚、馬相伯、畢永年等。太炎卻對會議提出異議，他當場批評唐才常擁戴光緒的主張，指出「誠欲光復漢績，不宜首鼠兩端，自失名義，果欲勤王，則余與諸君異趣也」，會後他又寫了一份說帖給「國會」，要求「嚴拒滿蒙人入國會」，並批評唐才常「不當一面排滿，一面勤王，既不承認滿清政府，又稱擁護光緒皇帝，實屬大相矛盾，決無成事之理」㉖，公然揭起了反清排滿的旗幟。但是，唐才常等並沒有接受太炎的意見，太炎對保皇派的執迷不悟忿恨至極，他認爲再也不能走保皇的道路，於是他決定將頭上髮辮剪去。當時人頭上之髮辮是清政府統治下順民的標誌，已有二百多年歷史，太炎剪髮辮在當時是非常英雄無畏的行爲，表示了他與改良派保皇派的決裂，表達了他反滿的決心，這引起了很大的社會震動。爲此太炎撰寫了〈解辮髮說〉一文，並刊於孫中山辦的《中國旬報》，表示了革命的決心。從此，太炎披著短髮，大搖大擺行走於上海大街小巷，公然與清王朝示威，這在當時的中國，是需要非常巨大的膽識與勇氣的！

同年八月二十一日，唐才常等在漢口籌劃起義失敗，張之洞勾結英國駐漢口領事，將唐才常等逮捕，次日，唐才常等二十餘人卽遭殺害。維新志士又一次獻出生命，太炎聞之悲憤

㉖ 馮自由《革命逸史》第二集，第七七頁。

交集，立即寫下了〈唐烈士才常像贊〉，從而更堅定了救中國必須革命的信念。不久，八國聯軍攻占北京，西太后帶了光緒等逃到了西安，各督撫與眾大臣，紛紛向列強獻媚，求和乞降，又是割地賠款，國家日遭瓜分，這使太炎更清醒地認識到清廷已徹底墮落爲列強的走狗，要反帝必須反清。這一點道理在一百多年前的中國要被人認識，是多麼不易，一代中國人的覺醒是需要付出多麼沉重的代價！太炎作爲時代的先覺者，還需要以極大的勇氣去加以宣傳，讓更多人接受這血的代價換來的道理，中國的知識分子是始終自覺肩負著這認識社會與改造社會的歷史重任。於是，太炎撰寫了〈客帝匡謬〉和〈分鎮匡謬〉，對過去將滿清視爲「客帝」，企圖以改良方式救亡圖存，進行了反省，批判了自己過去「自戊、己違難，與尊清者游，而作〈客帝〉」，指出「滿洲弗逐，欲士之愛國，民之敵愾，不可得也。浸微浸削，亦終爲歐、美之陪隸已矣」，並對自己過去對漢族地方督撫存有幻想，也進行了自我檢討。從此，太炎的思想躍到了一個新的高度。

唐才常自立軍的起義失敗，太炎又一次遭到株連，他也曾是參與「中國國會」成立者之一，故再遭通緝。太炎便從上海潛「歸鄉里度歲」[27]，以避其鋒。「抵家一月」[28]，他一面

[27] 章太炎《自定年譜》。
[28] 同[27]。

清理自己思想，一面對原有的《訄書》進行清理刪訂，將過去思想中含糊的保皇的革命不徹底的文字，從《訄書》中剔除。太炎這一次回鄉，正值農曆春節，也給家裏帶來了極大歡樂，據他二女兒章叕回憶說：「父親在三十四歲，第一次回家過年，全家眞是歡天喜地，高興極了。母親還特地做了一只百果全家福大餅，象徵合家圓聚（父親在家最喜愛吃餅）」，「除夕之夜，母親不顧疲倦，徹夜挑燈爲父親趕製新衣」㉙。正月十五，太炎好友吳保初派人從上海趕到太炎家鄉——餘杭倉前鎭，急告太炎追捕者將至，要他趕快隱匿。太炎得急報，卽躱避到鎭內一個叫龍泉寺的寺廟裡，足足藏身十日，見無多動靜，便又復出上海。

三月三日，太炎抵達上海。重返上海的太炎，卻幾無棲身之地。太炎《訄書》的問世，他的剪髮示決，自立軍起義失敗而遭致的通緝，都震動了社會，也嚇壞了一些原先傾向維新的舊友，他們不敢再接納太炎住宿了。太炎「先時常在仲巽（胡惟志）家中寄寓，今得彼書，乃知以《訄書》故，頗有謠諑，囑弟不可寓彼宅中」㉚，而再住《昌言報》更不行了，無奈之中，只好寫信給吳君遂（吳保初）和汪康年，請求「暫宿數旬」，終獲吳保初肯首而暫居新聞路梅福里吳保初寓。吳保初乃淮軍宿將吳長慶之子，生性豪俠，爲人重義，喜交革命志

㉙ 章叕〈憶先父章太炎〉，載《餘杭文史資料》第二輯。

㉚ 《汪穰卿先生師友手札——章太炎致汪康年書九》。

士，故對太炎「衣食起居，備極優遇」㉛。但是，無論吳保初、胡惟志，還是孫寶瑄、宋恕，他們都是清末名公子，他們要求維新，但畢竟流於清談，他們敢於哭罵牢騷，但他們畢竟不敢去拼命，這就決定了他們與太炎的關係終究不可能持久，而以天下爲己任並決心革命的太炎，終將與他們漸疏。

在寓居吳保初家期間，梁啓超在他主編的《清議報》上陸續發表了〈戊戌政變記〉、〈光緒聖德記〉、〈積弱溯源論〉等文，將變法的失敗和中國的積弱，魁首歸於慈禧太后，責任歸於「國民全體」的奴性、愚昧、爲我、好僞、怯懦、無動等劣性，提出只要讓光緒取代慈禧，中國就可以獲救了。太炎讀了這些論調，感到這保皇謬論極具欺騙性，便立即寫了〈正仇滿論〉，對梁啓超的文章予以指名批駁，他以自己切身體會，指出光緒絕不是什麼聖君，他內心「只以保吾權位也」，即使光緒他想變法爲公，但整個滿族統治集團，也絕不會放棄私利而接受新法，「今日之滿人，則固制漢不足，亡漢有餘，載其呰窳，無一事不足以喪吾大陸」，因此，只有排滿革命，這才是「順天而革命者，非仇視之謂也」，至於君主立憲，「必有國會議院」，「而是二者皆起於民權」，而今世之「民權者安在乎」？所以梁啓超之論，太炎謂實是欺人之談。〈正仇滿論〉可以說是中國近世第一篇批駁保皇改良的歷

㉛ 章士釗〈孤桐雜記〉載《甲寅周刊》第一卷第一號，一九二五年七月十八日出版。

史文獻，也是第一篇指名批判清王朝和光緒皇帝的文章，它大大震憾了人們對光緒的迷信與幻想，使很多人開始走出保皇主義的思想樊籠。

一九〇一年三月至八月，太炎幾乎沒有離開過上海。從孫寶瑄《忘山廬日記》，至少載有與太炎十三次交往，他們常聚會於張園，吳保初、孫寶瑄、宋恕、胡惟志等，一面慰問太炎，一面勸太炎「君以一儒生，欲覆滿洲三百年帝業，云何不量力至此」㉜，太炎回答他們說：「今議者多大聲色，……未有一言以攻。惡吏幸臣，竟扇宗義治法之虛言，而以荀卿治人之文爲諱，此徒見其諂諛貴勢，不誠有救國人也」。太炎常常是認準一個理，會不惜代價的堅持下去，甚至會不惜得罪親人與朋友。太炎的言行又遭致清政府的通緝，上海又呆不下去了，於是吳保初推薦太炎去剛成立的蘇州東吳大學教書。八月十九日，孫寶瑄《日記》云：「明日枚叔將赴蘇州，彥復（吳保初）亦在，彼設宴餞行，余亦陪飲」。次日，即八月二十日，太炎又一次離開上海，前往蘇州東吳大學任教。

在蘇州東吳大學任教期間，太炎照舊「言諸恣肆」，公然在課堂內外評擊時政，宣揚革命思想，還出了「李自成胡林翼論」這樣的作文題目，讓學生將明末農民起義領袖李自成與

㉜ 章太炎《自定年譜》。

清朝大臣胡林翼相比論，再次招致當局的追究，也遭到退居蘇州的老師俞曲園先生的不滿，俞師指責太炎的言行是「不忠不孝」。太炎雖愛老師，但他更愛眞理，他在老師、朋友與眞理之間，毅然選擇眞理，而寫下轟動一時的〈謝本師〉一文，表示決心反清，絕不妥協，這在一百年前「天地君親師」的社會，叛師是需要有非常大勇氣的行爲。

年底，東吳大學放寒假，太炎返回餘杭倉前老家度假。農曆春節期間，友人張伯純悉張之洞與劉坤一囑江蘇巡撫恩壽設法逮捕太炎，急電太炎趕快出逃；吳保初與東吳大學傳教士也獲當局要逮捕太炎消息，也派人趕往餘杭，促太炎亡之日本。於是，太炎於一九〇二年二月二十一日抵上海，「在囚庵家宿一夜，次日赴日本舟東渡」❸。二月二十八日，抵達日本橫濱。

太炎這次亡命日本僅三個月，但對他一生來講，是又一次的重大轉折與提高。在日期間，他居住在中國留學生公寓，朝夕與激進的留日學生秦力山等廣泛接觸，呼吸到許多新鮮的政治空氣，接觸了許多西方的新學說，使他眼界大開；他又在對陽樓與孫中山「定交」，與孫中山就中國革命的土地問題、建都問題等一系列重大問題，進行了廣泛而深入的討論，

❸ 孫寶瑄《忘山廬日記》第四七七頁。

從中得到了很大啓廸；他又組織了震撼清廷與學界的「支那亡國二百四十二年紀念會」活動，從而使他更加堅定了推翻滿清政府的決心。

因太炎夫人王氏病重，太炎於一九〇二年七月二十七日，悄悄潛返「鄉里」，從日本「直接返回家裏」，以安慰王氏並與長兄「共同研究病情處方」㉞。太炎與王氏結合於一八九二年，時太炎二十五歲，在太炎《自定年譜》中稱「納妾王氏」，所謂「納妾」，卽是沒有按當時習俗正式結婚，因爲太炎從年輕時卽言行「怪誕」，時有反清言行，加上患有癲癇症，人稱「章瘋子」，到二十歲左右成婚年齡，也沒有哪一家「閨秀」願嫁給他，於是太炎母親作主，將她陪嫁丫環許配給他，這就是「王氏」。王氏出身貧寒，自幼賣到太炎母親家，所以對自己家世也講述不清，太炎便稱她王氏，有時也稱她毛氏，卻沒見一個確切的姓名，原因卽在於此。王氏爲太炎吃了不少苦，是典型的樸實勤勞善良的中國舊式婦女，她「爲了全力支持父親（太炎）參加革命，爲哺育我們姊妹，爲一個家庭的操勞，耗盡心力」㉟，次年，卽過早地去世了，遺下三個女兒。太炎長兄因膝下無女，卽將太炎二女兒章叕收養了，太炎便帶著大女兒章㸚，小女兒章㠭，一邊生活，一邊革命。

㉞ 章叕〈憶先父章太炎〉。
㉟ 章叕〈憶先父章太炎〉。

太炎在故鄉，一邊照料王氏，一邊爲廣智書局「藻飾譯文」，謀取稿費以維持生計。當時由馮自由翻譯的那特硜的《政治學》四十萬字一書，即是由太炎「潤詞」；太炎也親自翻譯了日本岸本能武的《社會學》一書，這是中國第一部被全文翻譯的西方社會學書籍，「社會學」一詞也是出自太炎手定，在這以前均被稱爲「羣學」。太炎在家鄉除了譯書潤稿外，更多精力則是研讀從日本帶回的「各種社會學書」，他一面積極汲取西方的學說，一面反覆總結自戊戌變法三年來的成敗教訓，然後把這一切都融入他的《訄書》之中。於是太炎對先前出版的《訄書》作第三次刪改修訂，他隱於餘杭「耗時半年多，使修訂後的《訄書》成了一部集中反映他思想上新飛躍的專著，成了近代中國在深入批判中國舊思想舊制度基礎上系統闡明民族民主革命理論的第一部綜合性著作」。

一九〇三年三月，太炎應蔡元培、蔣智由邀請，再次來上海，在蔡元培創辦的愛國學社任教。愛國學社內政治空氣十分濃重，每周假張園開演講會，公開宣傳革命，因此，太炎準備把學社的課堂和張園的「安垲第」作爲宣傳革命主張的陣地。愛國學社設在當時南京路泥城橋福源里。太炎就住在學社內，與蔣維喬「合居後樓上小披屋，僅堪容膝，其下卽爲廚房，一日三餐時，煙焰迷目，故常携筆硯稿件，至會客室中寫之」[36]，待遇也極爲菲薄，「除供

[36] 蔣維喬〈章太炎先生軼事〉，載《制言》第二十五期。

膳宿外，皆純盡義務」㊲。太炎利用課堂積極宣揚革命，他甚至以「×××本紀」為作文題，讓學生以「本紀」體裁寫自傳，以蔑視皇權，讓學生意識到自己才是國家主人，而不是什麼皇帝才有資格寫什麼「本紀」。周末他總去張園參加演講，「遇到章炳麟先生的演說，總是大聲疾呼的『革命、革命』，除了聽見對他鼓掌聲音外，一到散會的時候，就有許多人像螞蟻附著鹽魚一樣，向他致敬致親，象徵了當時對革命的歡迎。」㊳

在愛國學社執教期間，太炎結識了大批愛國志士，其中尤與張繼、章士釗、鄒容感情篤實，於是他們四人義結兄弟，發誓共同「戮力中原」。當時鄒容寫了一部充滿仇滿排滿的鼓動推翻滿族統治的主張造反的宣傳小冊子——《革命軍》。太炎高度評價了這本書，指出革命非「震以雷霆之聲」不可，並為這部通俗的宣傳革命的讀物作了序言，還與柳亞子、黃宗仰、蔡元培、張繼等人，一起籌資將《革命軍》一書予以作版，在社會上引起了極大震動。為了進一步爭取廣大民眾的覺醒，讓更多人投入到革命行列中來，太炎又針對康有為等保皇派人當時宣揚的「皇上聖明」、「只可立憲，不可革命」、「革命要流血，會遭致外國干涉」等等保皇主張，撰寫了〈駁康有為論革命書〉，將保皇理論逐條予以駁斥，指出：要救

㊲ 同㊱。
㊳ 馬敍倫《我在六十歲以前》，第二十頁。

中國，必須進行流血革命，「公理之未明，即以革命明之，舊俗之俱在，即以革命去之」，「撥亂反正，不在天命之有無，而在人力之難易」，太炎還告誡人們，不能再把希望寄託在「未辨菽麥」孱弱的「載湉小丑」這樣的皇帝身上，將鋒矛直戮神聖不可侵犯的光緒皇帝。革命需要輿論，推翻舊政權更需要理論，太炎的一生，是從事理論宣傳，這同樣需要勇氣和自我犧牲的精神，同時需要智慧與知識，太炎有功於近代中國，正在於此。

該年六月十日，太炎〈序革命軍〉在《蘇報》上發表，六月二十九日，太炎〈駁康有爲論革命書〉在《蘇報》選刊，輿論爲之大哄，社會爲之大震，尤如二顆炸彈在封建營壘爆炸，使人們爲之大震，出現「人人爭購」和競相傳閱局面，革命派氣勢爲之大振，大大動搖了滿清政府統治基礎，許多人正是從這時由觀望、守舊、保皇轉向了革命。這便再一次招來當局的迫害，清政府限令地方必須法辦章太炎，於是引發了震驚中外的上海近代史上轟動一時的「蘇報案事件」。

當烏雲壓來，風暴欲至之時，有人避之他鄉，有人默箴於室，有人甚至暗投敵營，很多人也勸太炎「捨走無他法」，而太炎感到革命高潮即將到來，要摧枯拉朽，必須要有「我不入地獄，誰入地獄」的氣慨，要有「志在流血」的精神去喚醒國人，於是決心「坐待捕」，他說：「吾已被清廷查拿七次，今第八次矣，志在流血，焉用逃焉？」[39]六月三十日，清政府勾結工部局，終於將太炎拘捕。第二日，鄒容也到捕房投案，與太炎共同赴難。七月一日，太炎與鄒容被送往福州路會審公廨，在那裏共關押了十個月之久。清政府原打算將太炎等「一日逮上海，二日發蘇州，三日解南京，四日檻京師」，殺一儆百，以洩心頭之恨，殺之而後快。但是，不管清政府以多少代價向帝國主義捕房換取太炎、鄒容頭顱，以主權交換或行賄，乃至準備刼持，帝國主義列強仍然沒有同意清政府「引渡」要求，因爲列強更要維護他們在華「治外法權」的最高利益，而不願因引渡太炎而喪失他們在中國的特權。於是，清政府只好與太炎對簿租界「公堂」，形成了太炎、鄒容二個布衣與堂堂清政府對簿於租界小小公堂的局面，審判不僅沒有嚇倒太炎，反而爲他提供了一個聲討清政府的講壇。正如孫寶銓預言所說：「訟詞一出，頃騰五洲，滿人之醜，無可掩矣」，「本朝數百年幽隱不可告人事必被章宣播無遺」。在法庭上，太炎與鄒容神色自若，視死如歸，痛斥清政府種種罪惡，造成上海史上一很奇特局面，一個百姓與一個政府對訟，一邊是民不畏死大義凜然，一邊是朝廷躲躲閃閃詞窮理曲，使人們一看就明顯感到這個政府氣數將盡矣。太炎在

---

[39] 蔣維喬〈中國教育會之回憶〉，載《上海研究資料續集》第九十三頁。

獄中答新聞報記者書中，莊嚴預言：「請看五十年後，銅像巍巍立於雲表者，爲我，爲爾！」太炎英勇無畏的言行，向廣大民眾揭示了一個眞理，即力量強弱之比較，在於眞理之向背，失去民心而倒行逆施的政府終將被人民拋遺！從而大大鼓舞了民氣。「蘇報案」的結果完全出乎中外反動派的預料，太炎等革命派不僅沒有被嚇倒，革命之火不僅沒有被撲滅，反而激起狂瀾，形成更大的反抗，革命思想也得到了更廣泛傳播，「華興會」等革命團體紛紛誕生，加速了人民的覺醒和清廷的崩毀。正如孫中山在《革命原起》一書中所述：「蘇報一案，章太炎、鄒容以個人和清朝政府對訟」，「於是民氣爲之大」，海外華僑「觀念大新，齊唱革命」。

「蘇報案」經過多次開庭，額外公堂於一九〇三年十二月二十四日宣判，判章、鄒二人「凌遲處死」，因逢慈禧七十大壽，故判「永遠監禁」。消息傳出，輿論大譁，上海各國領事團被迫宣布判決無效。直至一九〇四年五月二十一日，租界法庭作出最終判決，判太炎監禁三年，鄒容監禁二年，這是沿用西方政治犯的最高量刑年限。次日，章、鄒二人由會審公廨捕房拘留所轉送提籃橋的上海西牢關押。第二日，上海《警鐘日報》發表社論，題爲〈論中國國民之大紀念〉，確實，章、鄒之入獄，不僅沒有嚇倒革命派，反而促進了人民的覺醒，章、鄒也成了「中國國民之大紀念」。

無論在拘留所和西牢，太炎沒有停止過鬥爭和革命宣傳，他不斷與獄外聯絡，通過書信指導革命。他鼓勵中國教育會留滬成員繼續活動，繼辦愛國女校；他支持了《國民日日報》在上海的創辦；他致書孫中山，尊孫爲「總統」，並爲章士釗編的《孫逸仙》一書題辭，這是在國內介紹孫中山的第一本書；鼓動創辦《俄爭警聞》（復改爲《警鐘日報》）；他利用蔡元培每月探望之機，與蔡元培等密謀建立反清革命團體，將「爭存會」骨幹及龔寶銓「暗殺團」成員、陶成章「浙學會」成員等江浙地區革命志士組織起來，創建了「光復會」。由於太炎當時還在獄中，故光復會會長由蔡元培擔任，而實質上是由太炎「與蔡元培爲之尸，陶成章、李燮和繼之」[40]。這爲今後推翻清政府奠定了由興中會、華興會、光復會而組成同盟會的政治基礎。

太炎還不斷將詩文從獄中傳出。〈獄中答新聞報〉一文，即以大無畏的氣慨回敬了保皇派的奚落，他說：「吾輩書生，未有寸刃尺匕足與抗衡，相延入獄，志在流血，性分所定，上可以質皇天后土，下可以對四萬萬人矣」，表白了一個革命者與保皇者本質區別，即革命派敢於以頭顱去搏擊舊世界冰冷的牢獄，相比之下，保皇派人的心靈則顯然顯得無可言語的

---

[40] 章太炎《自定年譜》。

低下。〈獄中贈鄒容〉、〈獄中聞湘人某被捕有感〉等，表達了「臨命須摻手，乾坤只兩頭」的大無畏氣慨。〈祭沈藎文〉，〈獄中聞沈禹希見殺〉、〈序沈藎〉，則對慈禧杖死沈藎的暴行進行了憤怒的譴責，他說：「不有死者，誰申民氣，不有生者，誰復九世」，他預言道：革命者的死，必會喚起更多人起來革命。〈論承用維新二字之荒謬〉，指出歷史上沒有不經流血而能實現革命的，康有爲一伙宣揚的維新，實是一種政治欺騙。太炎在獄中，抱定決死的精神，宣揚革命的道理，批駁保皇的謬誤，以一人去對抗一個朝廷，實在是非常英雄的。正如毛澤東所說：「在舊中國講造反是要殺頭的」，太炎卻敢於造反；也正如馬克思所說：「不管資產階級社會怎樣缺少英雄氣慨，它的誕生卻是需要英雄行爲，自我犧牲」，太炎就具有這種自我犧牲的精神。太炎正是以這種精神來啓迪一代中國人的覺醒。

在西牢，即上海提籃橋監獄，人稱「遠東第一大監獄」，是帝國主義者精心爲中國人修建的最現代化監獄，太炎與鄒容同囚一室，牢獄「外觀甚清潔，而食不足以充腹，且無鹽豉，衣又至單寒，臥不得安眠，聞鈴即起，囚人相對，不得發一言，言即被棒，此直地獄耳。……五百囚人，一歲死者一百六十有奇」㊶。太炎在獄中被罰作苦役，從事敲石子工

㊶章太炎〈革命軍約法問答〉，載《民報》二十二號。

作，後改爲裁縫、燒飯等役，獄卒可任意凌辱虐待，太炎曾絕食七日抗議，遭獄卒拳打腳踢二次，受梏三次（梏是一種毒刑）。太炎「亦以拳擬之，或奪其椎」反抗，結果是受到更加殘酷的懲罰，被折磨得幾次昏倒。在牢中，他對帝國主義的「文明」與「民主」的本質有了更切身體會，特別是他的小弟鄒容在刑滿前突然死去，使他大大加深了對西方帝國主義禍害中國的憎恨，所以他一生中對洋人幾乎不抱好感，這深深影響了太炎以後很多思想與行爲，在辛亥革命領導人中他是反帝最強烈者，與此恐也有關連。

在獄中從事苦役之餘，太炎開始精研佛典，以打發歲月。牢內無他書可閱，唯有佛經可讀，太炎原先並不注重佛學，三十歲時友人夏曾佑、宋恕都勸太炎研讀《法華》、《華嚴》、涅槃》及《中論》、《十二門論》、《百論》諸釋典，但太炎「讀竟，亦不甚好[42]」，他最初的《訄書》中，還站在進化論的立場上，對佛教中消極迷信遁世的一面，多有批評，對康、梁借佛教宣傳變法，也表示不能贊成。在當時太炎心目中，獨崇荀子與范縝，對他們的唯物思想與無神論主張，則表示欣賞，而對今文經學派康、梁等學術觀點，包括佛學觀，始終站在他古文經學派立場上表示懷疑。然而在獄中，悲憤而後有學，牢獄三載，「專修慈氏

---

[42] 章太炎《自定年譜》。

世親之書」，「晨夜研誦，乃悟大乘法義」㊸。獄中太炎主要讀《瑜伽師地論》、《因明論》、《唯識論》等大乘教義典籍，他將佛學與儒學、玄學、西學一一相較，發現，嚴華宗與法相宗，與他所研的樸學十分近似，樸學重煩難的名物訓詁考據，與唯識宗思辨精細如一，所以他說：「此一術也，以分析名相始，以排遣名相終，從入之途，與平生樸學相似」，因此，太炎一反過去排斥佛教，而變爲擁佛，因爲他感到佛教之中，未嘗未有可資利用之處。於是太炎開始積極吸取佛學中營養，努力將佛理引入他的思想體系，構思運用佛教爲現實鬥爭服務，達到以傳統來反傳統，爲近世民主革命提供理論根據。這對以後太炎的思想與學說，都產生了深遠影響。

一九〇六年六月二十九日，太炎刑滿，被釋放但宣布逐出租界，是日，從提籃橋監獄移送到四馬路工部局巡捕房。釋放時，孫中山特派了龔練百、仇式匡、鄧家彥等人專程從日本趕來迎接太炎出獄，滬上革命志士蔡元培、葉浩吾、于右任、朱少屏、柳亞子、劉道一、張默君、熊克武、但懋辛、劉光漢等，都在巡捕房門口迎接太炎獲釋。「蘇報案」和三年鐵窗，使太炎成爲人們心目中的英雄，柳亞子稱太炎爲「中國的瑪尼拉」，的確，這是稱之無

㊸ 同㊷

愧的。太炎步出捕房，大家鼓掌歡迎與慶祝，然後一起驅車去吳淞中國公學團聚，當天，就在同盟會總部派來的代表陪同下，登船東渡日本，開始了他第三次亡命日本的生涯，直至一九一一年辛亥革命爆發重回祖國，在日本經歷了五個春秋。

太炎從一八九七年一月第一次來上海，到一九〇六年七月第三次東渡日本，先後十餘次出入上海，九年間，有六年多時間生活戰鬥於上海，從一個維新派成長爲一名堅強的革命派，這是太炎在上海早期的經歷，即從戊戌變法到辛亥革命時期。

太炎政治思想的形成和學術體系的建立，主要是在戊戌變法到辛亥革命這歷史時期形成的，他對時代的貢獻也主要在這個時期，他爲當時社會提供了最激勵人心的思想與學術，他的思想與學術，無不與當時國家的命運和時代的思潮相契合，爲大眾奏出了時代的主旋律，爲人們提供了最渴望的新思想與新學說，並身體力行，成爲他所倡導的思想學說與道德規範的模範的執行者。而從戊戌變法到辛亥革命這期間，上海的六年生涯與日本五年流亡，是形成他思想與學說的二張溫床。

從戊戌變法到辛亥革命，也是太炎學術的全盛時期，他的學術首先表現在小學方面。小學，作爲古代的文字之學，即今之語言文字學，在舊時代，研究舊學，必須先識古字，要深究古字的音、形、義，否則就無法治經。太炎就是從識辨古字的音、形、義著手，繼承了由俞曲園至王引之、王念孫、戴東原、江愼修、顧亭林的學術精華，他精讀二徐《說文》七十餘過，卓然見語言文字學之本。他治小學，「不欲爲王菉友輩，滯於形體」，而強調通音韻、明訓詁、辨形體，深探文字的音、形、義關係，使他在文字學、音韻學、訓詁學方面，獨步千古，取得很大成就，他集乾嘉之大成，成爲最後一位小學大師。但太炎又沒有停留在古人基礎上，他積極汲取西方文字學研究成果，特別接受了德國馬格斯牟拉學說，致力建立起具有本民族特色的語言文字學，將傳統小學，一變爲一門獨立的有條理的有系統的現代語言文字學。「語言文字學」一詞，也爲太炎所創，從而發展和取代了傳統「小學」。在研究小學基礎上，他撰成《文始》，上探語流，下辨流變，成爲近代漢語語源學第一部要著，也是最早接受西方理論寫成的語言學著作。他在前代研究語音學基礎上，將古韻分爲二十三部，並且用漢字作爲工具確定了各韻部的音值，這比前代學者進了一大步。我國第一套注音符號——五十八個切音符號，也是太炎首創。太炎的《小學問答》、《說文部首均語》、《新方言》等書，眞可謂邁越前賢，下啓後學，尤其是《新方言》一書，從中國語言的地理分布，探討了各地語音，以推證古代文字的意義，貢獻卓著。他所著的《國學論衡》，被胡適稱爲在中國學術史上可以傳世的七、八部著作之一，該著中〈小學略說〉，可以說是一部語言文字學的總綱，〈成均圖〉、〈音理論〉、〈二十三部音準〉則是闡述古韻理論的，

〈一字重音說〉、〈古音娘日歸泥說〉、〈古雙聲說〉，乃是探討古聲類理論的，〈語言緣起說〉是論述語言起源及詞的語音變化的，這些論述，在他以前，還沒有人這樣全面而系統地談論過。在訓詁學方面，他使小學擺脫了經學的附庸地位。太炎研究小學，還在於他把語言文字學作爲宣傳愛國主義，激發民族自尊心的一個重要內容，作爲振興民族文化，挽救祖國命運的一個重要手段，即他一貫提倡的「以國粹激動種性，增進愛國熱腸」，這「國粹」，就是他所說的祖國歷史、語言文字、典章制度、人物事跡及風俗。

由於太炎精通小學，因此他研究古代文獻時，能直探羣經的精微，乃至諸子學的妙詣，使他得以左右博采，獲得累累碩果，在經學研究方面成績尤爲卓越。太炎治經獨崇漢代劉歆，自稱「劉子政私淑弟子」，崇尚漢學，不黜魏晉，對古文經學有特別造詣，常能推翻舊說，提出新解。他贊同章學誠「六經皆史」觀點，在研究古代六經基礎上，成一系列著作，如《春秋左傳讀》、〈劉子政左氏說〉、〈七略別錄佚文徵〉、〈六詩說〉、〈小雅大雅說〉，〈詩終始論〉、〈八釋卦名〉、〈易象義〉、〈孔子制禮駁議〉、〈王制駁議〉等等著述，都有獨到之見，考證翔實，立論精辟。太炎的經學研究，已不是傳統的注經釋經，他力圖把經學建立在近世科學理性主義的基礎上，以恢復經學的本來面目，而使經學不再是中世紀的舊神學。他反對今文經學中的經天緯地之說，反對神化孔子，他把孔子從歷代統治階級捧上大智大聖萬世師表的寶座上，降到凡人——一個教學家與史學家的地位。太炎認爲「過崇前聖，推爲萬能，則適爲桎梏矣」。他致力經學研究還是爲了把人們從封建文化桎梏中解放出來，他激烈詆孔，正是爲了適應辛亥革命思想上與輿論上的需要。他一生從事拆散封建殿梁工作，反對封建傳統，與純經學研究有著本質上的區別。

在諸子學研究方面，太炎也是獨闢蹊徑。在二千多年來獨尊儒家廢黜百家的束縛下，他致力於儒家的異端——諸子學的研究，在當時是有特別意義的。太炎認爲中國學術導源於周秦諸子，言玄理，他以爲孔子不如老莊；言名學，墨子荀子優於前儒。故在名法上他推重荀卿、韓非，在哲理上他推崇莊周。他把孔子僅僅當作諸子百家中一家去加以討論，這在清末思想界與學術界是非常「恣言不恭」的，顯示了一種叛逆精神。太炎對傳統文化的討論從經學擴大到諸子學，是別有意義的。在諸子學中他特別欣賞莊子的「憤世」精神，著有《諸子學略說》，又成《莊子解故》、《管子餘義》，借老莊哲學而展開本人的哲學思想體系，又以佛理詮釋老莊，成《齊物論釋》等一批著述，胡適稱之爲——都是「更爲空前的著作」。太炎對魏晉之學，頗多贊頌，因爲在他看來魏晉玄學富有批判精神，重個性而厭束縛，在學術上富有自由化風格，重名理而張技藝，與太炎本人學術民主思想相合，故多贊言。太炎的諸子學研究，有助於打破儒家獨尊的封閉的神秘壁壘的束縛，拆散了被中古崇拜孔子偶像的奧堂，揭示了千百年來對孔子偶像崇拜的危害，而建立了一個近代人眼光下所見的古代思維世界，這對當時康有爲等主張尊奉孔教的觀點，以及宋明理學對人們思想的長期束縛，起了思想大解放的作用，成爲近世傑出的思想啓蒙大師。這種啓蒙，不僅孕育了一大批摧毀清政府統治的仁人志士，也孕育了一大批以後五四新文化運動的旗手。

佛學研究是太炎學術體系的又一重要組成部份。儒家自漢初確立了獨尊地位，至東漢，天下大亂，玄學漸興；至兩晉，玄學大盛；到隋唐，佛學東漸，形成儒、道、佛三家並存之勢。太炎深知佛學對中國文化的重大影響，而博采佛藏，他認爲佛學與莊子義有相徵，都是發揚「平等如一」之旨，遂以佛釋道，企圖熔合玄佛爲一家，並藉以構築自己的哲學體系。太炎論佛學論著很多，但他所說的佛學，與封建迷信的佛教毫無共同之處，他所看重的是佛教的哲理，於是他將資產階級的平等、自由、民主等思想注入佛身，使佛的形象適合於革命的需要。

太炎史學研究成就在當時是很引人注目的。他認爲歷史學發達與否，關係到民族的興衰，他致力提倡民族主義，卽是以歷史爲武器。他說：「民族主義，如稼穡然，要以史籍所載人物、制度、地理、風俗之類，爲之灌溉，則蔚然以興矣。不然，徒知主義之可貴，而不知民族之可愛，吾恐其漸就萎黃也」。在史學研究的方法上，他認爲過去治史者只注意地理、官制，過於狹隘，主張進一步從姓氏學、刑法學、食貨、樂律等等角度，去加以綜合研究，卽從社會史、制度史、文明史、經濟史等領域，去開闢歷史研究的新領域。他還主張治史要「尋其根株」，不要「摭拾枝葉」，要「實事求是，非致用之術」。太炎反對強行牽合某些歷史現象，以比附現實，或籠統地用社會學的一段結論來取代對歷史的具體分析，他主張疑古，不要輕信前說，但也不要揑造歷史，而要以科學精神來治史。他這種史學觀，在十九世紀初葉的中國，是很清新和富有創新精神的，從而大大震憾了當時史壇。太炎當時曾計畫寫一部中國通史，可惜因分身於社會革命，沒能完成此宏願，但從他擬定的中國通史寫作提綱和〈徵信〉、〈信史〉、〈原經〉等史論中，我們還是可以一窺他的新史觀。正如侯外廬說：「太炎先生雖然沒有專門寫一部中國學術史的著作，但他可以說是中國近代第一位有系統地嘗試研究中國學術史的學者，他對周秦諸子、兩漢經師、五朝學、隋唐佛學、宋明理學、清代學術的論述，足啓後學，在史學研究領域篳路藍縷之功，不可磨滅」。

太炎的文學成就是眾所公認的，宋恕稱太炎文章「天下第一」，因爲他精通小學，深窺羣經，「使雅言故訓後用於常文」，故文字古奧老辣，使保皇派與宮廷御用文人難以招架，他的文章被稱爲泣鬼神、驚天地，令清政府喪膽。他中年兼取兩晉名理之風，懷有建安之骨，自謂文風「清遠本之吳魏，風骨兼存周漢」，故他的文章既有曹孟德之慷慨沉雄，又有劉越石之激越悲壯，表現了清末革命派的追求與心聲，在近代文學史上占有重要地位。太炎主張文學要講究形式與內容的統一，反對重形式輕內容，或刻意模擬，或無病呻吟之類文學作品。他認爲文風可表現國勢的盛衰和民氣的剛柔，他所以推崇魏晉文學，是認爲這種文體正是革命文學所需要的文體。他本人的文章，就是從不計較形式，陡然而來，戛然而止，沒有什麼首尾呼應等等形式，不講落套。正如吳文祺說：太炎「文章中無一句浮泛的語，一句話中無一浮泛的字」。太炎所處的時代，風雨如晦，鷄鳴不已，反動東西太強了，黑暗東西太濃重了，他「痛同胞之醉夢猶昏，悲祖國之陸沉難挽」，心情是十分悲重的，他決心去搏擊，去流血，去犧牲，去換取祖國的新生，他與許多先驅人物一樣，爲爭生存，卻常想到死，所以反映他的詩與文中，都帶有悲憤之音，是怒吼文學，像一匹受了傷的獅子，充滿一種憤怒與哀痛，充滿一種淒惻的情感，廉悍勁利，逼人而來，敲打著尚有良知的人們心扉，與祖國命運和人民哀樂渾爲一體，有一種不可抗拒的力量，從而開近代文學之先河。

太炎不僅對傳統文化有相當造詣，被公認爲「樸學大師」或「國學大師」，而且他與許多先進的中國人一樣，曾努力吸收當時一切外來文化，如西方的哲學、社會學、人類學、考古學、民俗學、經濟學以及自然科學等成果。在進化學說方面，他曾經認眞研讀過日本有賀長雄的《族制進化論》，芬蘭韋斯特馬克的《婚姻進化史》，以及達爾文、拉馬克的生物進化論及斯賓塞爾和吉丁斯的社會進化論。太炎對西方的哲學，更是如饑如渴的博覽精思，上從古代希臘的伊利亞、斯多葛諸學派，以及蘇格拉底、柏拉圖、亞里士多德、伊壁鳩魯諸名家，下至近代的康德、費希特、黑格爾、叔本華、謝林、尼采、培根、休謨、貝克萊、洛克、萊布尼茲、穆勒、笛卡爾、斯賓諾沙等名家，太炎都廣泛涉獵，咀嚼吐納。他對大至宙宇天體，小至細胞原子，乃至聲、電、光、化、數學，以及人類社會的整體結構與各個側面，都有自己的觀察與判斷。他力圖熔中西古今學說，以構築自己的哲學體系，以解釋民主革命中諸多問題，他撰寫了〈無神論〉、〈五無論〉、〈四惑論〉、〈國家論〉、〈俱分進化論〉、〈代議然否論〉等等哲學著作，爲辛亥革命的進行，提供了理論根據。正如賀麟所言：太炎「他是當時革命黨唯一的哲學代言人，而且可以認作民國八年以來新思想運動的先驅」。

從上文我們可以清晰看到太炎的政治思想與學術體系，在戊戌變法到辛亥革命，是重要的形成時期，簡要的了解他學術思想，將有助於理解太炎以後歲月在上海思想與學術的變遷！

從二次革命到護法運動

一九一一年十月十日，武昌爆發革命黨人領導的武裝起義，接著湖南、江西相繼響應，紛紛反正，不久江蘇也宣告獨立。十一月三日，上海光復，十一月七日，上海軍政府宣告成立。十一月十一日，太炎在得悉上海光復後，即從日本啓程返國。十一月十五日，太炎回到了闊別五年零四個多月的上海。

流亡五年之久的太炎，在日本曾主筆同盟會機關報——《民報》筆政，爲民主革命提供了許多有影響的戰鬥的文章；並重建光復會，擔任了光復會會長，推動了國內反滿鬥爭；創辦了「章氏國學講習會」，聚徒講學，致力與論革命，過著「三年衣被不皖，日以麥餅充饑」的極其艱苦的生活。重返上海的太炎——一個當年的階下囚，如今成了英雄凱旋，受到上海民眾熱烈歡迎，被稱之「新中國的盧騷」。當他重登上海故土之日，上海革命喉舌《民立報》發表了〈歡迎鼓吹革命之文豪〉社論，稱「章太炎，中國近代之大文豪，而亦革命家之巨子也。正氣不滅，發爲國光。……祖國得有今日，文豪之功也」。次日，《光華日報》時評，稱「今日革命軍赫赫之功，亦當推源於文字」，太炎「革命之學說，如怒芽茁生」，他序鄒容《革命軍》之行世，「於是風潮大起，虜廷震驚」，章、鄒入獄，「而全國人心因咸識革命矣」。張繼在他〈五十年歷史之研究與回顧〉一文中說：「章先生的革命文字，不止一端，喜歡閱讀的人很多，就地域言，由上海擴及長江流域，以對象言，則由下層階級普及到知識階級，這於後來革命成功的關係是很大的」。日本學者河田悌一在一九八二年發表的〈對章炳麟、孫文、康有爲及其思想的研究〉一文中強調：「講到辛亥革命，不能不首先涉及到孫文、章炳麟、黃興這三位『革命的尊者』。」但是，這三位革命的尊者，漸漸卻被肢解，正如日本學者島田虔次所說：「北一輝曾稱太炎爲『支那的盧騷』。……作爲革命家的太炎，也許是有點過於長壽。……也許，太炎單單作爲革命家的使命因辛亥革命的成功而結束了」❶在辛亥革命後，國民黨首先將他排斥於三尊之外，當太炎逝世時，國民黨當局僅僅稱他是一個「宿儒」，而以後共產黨在相當長一個時期裏幾乎全盤否定了三尊，這就決定了辛亥革命後太炎的經歷，是一段十分撲朔繁蕪的歷史。

革命軍占領後的上海，較之當日太炎與清廷及保皇派鬥爭的上海，情況更複雜，鬥爭更撲朔迷離。驟然成功的革命，令革命派茫無所從，一大堆過去無法預料的不熟悉的問題，一古腦兒攤在革命黨人面前；從戊戌變法到辛亥革命，這十年中，革命派雖作了大量宣傳，但對保守勢力根深蒂固的中國來講，擁護革命贊成共和的民眾尚不占多數，而革命派隊伍內，也素質良莠不齊，內爭不息，與肩負領導偌大之中國，很不相稱；舊官僚、立憲派、保皇黨

❶ 島田虔次〈章太炎的事業及其與魯迅的關係〉，拙編《章太炎生平與思想研究文選》第一九二頁。

等各種政治勢力趁機崛起，角逐於政治舞臺，與革命黨較勁；清廷殘餘勢力及袁世凱又形成一股新的勢力，從然，在武昌起義後的中國，形成了近代中國最早的政黨政治格局，也形成了無數錯綜複雜的矛盾迭起的旋渦。太炎從踏上上海之日，就被捲入這種旋渦之中。作爲「革命元勳」與「有學問的革命家」的太炎，不以其個人意志爲轉移地成爲當時各派力量可以藉以進行政治和權力鬥爭的工具與砝碼，紛紛來包圍他爭取他利用他，而長期從事文字宣傳的太炎，一下子面對如此之多他過去毫不熟悉的實際工作，使他再也不能像以往那樣比較冷靜的思考，而不由自主地被這股旋渦裹脅而去……！

太炎抵達上海之日，卽被光復會的一員主將李燮和接到吳淞軍政府下榻。光復上海，李燮和與光復會人出力甚巨，但陳其美擅自提前起義，在攻打製造局時，不僅沒有得手，反爲清軍所擒，李燮和聞訊卽率部攻克製造局，救出陳其美，取得了起義的成功，被推爲臨時總司令，但陳其美卻趁李燮和疲極而熟睡之機，聯合地方紳士等，自立滬軍都督府，自稱都督，將光復會人排斥在新政權之外，李燮和醒來目睹此狀怒而率衆在吳淞成立軍政分府，亦稱都督。上海一光復，卽出現兩個軍政府兩個都督。太炎一下船登上國土，就碰到了這樣的矛盾，要他作出選擇。

太炎在踏上國土前，曾根據國內形勢打算返國後爲光復後的各派政治勢力，「任調人之職，爲聯合之謀」，他最憂慮革命的夭折，或招徠帝國主義的干涉。所以他力勸李燮和顧全大局，「去督號，稱總司令，奉程德全爲江蘇全省都督」❷，並率部北伐，勿要內鬥，而要全力對外，盡早推翻清廷。作爲光復會的老將李燮和終於聽從了太炎勸告，調和了一場箭在弦上的內部衝突。

在太炎回到上海最初的一個月中，他參與了許多事件，參加了很多活動，發表了大量通電、宣言、論說、信函、時評、演講等，但概括起來，大概有以下三方面內容：

第一：太炎首先與宋教仁等親臨前線，到南京城下堯化門督戰，激勵將士光復南京。南京攻占後，他又與黃興、陳其美、程德全、宋教仁等積極商議援鄂事宜，他態度鮮明地批評放棄首義之地的錯誤主張，力主援鄂，還建議陶成章率軍援鄂，以鞏固革命基地；同時，他發表宣言，要求各都督府「急於秣馬厲兵，刻期北伐」，盡早從軍事上推翻清政府。

第二：他積極籌組中華民國聯合會，推動已經「獨立」的各地區各派系力量的「聯合」，將「共和中國聯合會」與「中華民國聯合會」聯合起來，成立了武昌起義後第一個全國性政治團體，旨在「近以扶助臨時政府之成立，遠以催促共和政府之完全」，「聯合全國，扶助

---

❷ 章太炎《自定年譜》。

完全共和政府之成立」，審其用意完全是善良的，也是站在整個中華利益之上的，太炎擔任了該會的會長，並擔任了該會機關報《大共和日報》社的社長。

第三：推動中央政府的建立。他針對當時各派政治力量的實際狀況，提出中央政府應突破原同盟會、光復會、興中會等革命黨秘密活動的界限，在革命軍大旗下，團結起各派政治力量，盡早組成統一政府，以抗衡清廷及袁世凱，他強調：「內部滅一日之棼亂，外人少一日之覬覦」，要防止「重釀割據之亂，致召瓜分之慘」，這是太炎最擔心和警惕的，所以他帶頭說服光復會李燮和放棄滬軍都督之爭。因此，他提出「革命軍起，革命黨消，天下為公，乃克有濟」，並主張建都於武昌。太炎不同意建立以革命黨人為領導的一黨專制政府，他認為革命黨內不乏「黨員步調不齊，人格墮落」者，這在「革命初成時已漸暴露」，所以他不贊成以一黨組成政府，擔心這樣做會影響團結各方力量，尤其不少舊官僚立憲派已有擁護新政的傾向，如不能在最大程度上團結各方勢力，就有喪失已取得的革命成果之可能。

太炎的想法太理想化了，也太幼稚天眞了，他是一個純正的書生，而不是一個政治家。一個革命政權如果喪失革命黨為核心，必然會造成政權旁落和革命流產。因此他煞費苦心創建的「中華民國聯合會」，首先遭到他舊日同志的厭惡；而他「革命軍起，革命黨消」的主張，更招致革命黨內的強烈抵觸，過去志同道合的同志，開始出現矛盾與裂痕，況且同盟會在日本期間，以孫中山爲首的一批人，與太炎、陶成章爲首的一批人，本曾有過芥蒂，而立憲黨人與舊官僚也只是利用太炎的聲望，來擴充自己的勢力。所以說，太炎從回國後，一開始就被夾在幾種政治勢力爭紛的旋渦之中，碰到了一連串的釘子，陷於進退維谷的地步。

太炎回國後，在上海初宿李燮和吳淞軍政分府，不久，應烏目山僧（卽黃宗仰上人）邀請去哈同花園居住。黃宗仰專程來將太炎接往哈同居地愛儷園。馬敍倫在他回憶錄中說：「太炎由日本回到上海，同來的有他的學生，幾位四川人，其中一位就是現在重慶民主運動裏的鬥士黃墨涵先生（他名叫雲鵬），都住在愛儷園——哈同花園。」❸愛儷園係上海猶太人豪富哈同的住宅，哈同從不名一文而在上海發跡爲首富，招徠不同的毀譽，太炎素好惡人，對哈同卻獨外，他認爲哈同「當上海舉義時，君外應賓旅」❹，當李燮和攻下江南製造局，「巡防軍三千皆來會，需餉數萬，燮和卒愕無以應」❺，哈同卻伸出援助之手，「立貸銀幣三萬版，餉始得給」❻，因此博得太炎好感。哈同之所以支持革命軍和迎太炎（以後又

---

❸ 馬敍倫《我在六十歲以前》第三九頁。
❹ 章太炎〈哈同君墓誌銘〉，載《章太炎全集》第五集，第二六八頁。
❺ 同❹。
❻ 同❹。

迎孫中山等）居於園內，實受他的總管黃宗仰的鼓動，黃宗仰是太炎舊識，在「蘇報案」時即與太炎稔熟，後也加入革命黨，在佛學上又頗多共識，太炎故樂往居住。太炎住入哈同花園時間不詳，從《民主報》一九一一年十一月二十五日報道，稱徵集中國聯合會修改章程，「請於初九日（即十一月三十日）前繕寄哈同花園章太炎可也」。由此可見，太炎自十一月十五日抵滬，在吳淞住了不多日，至少在十一月下旬，即遷往哈同花園居住。這期間，梁啓超也派盛先覺先後兩次（十二月三日及十二月六日）曾赴哈同花園訪太炎，目睹「太炎左右數人，囂張浮華，專事阿諛，頗有視太炎爲奇貨可居之慨，而章太炎似亦竟爲所蒙蔽者然，甚矣哉！君子可欺以其方，小人無往而不在也」⑦。這記載大體符合事實，可見太炎不復是當年投宿無門的寒士，也不是當年的階下囚了，於是他成爲了政客們爭相利用的工具，紛紛將他包圍。但是，太炎卻不是一個好被利用的人，他太有自己的性格了，爲此他將付出太大的代價，在以後歲月裏他也將與這些「阿諛」之徒反目。

一九一一年十二月二十五日，孫中山從海外返回祖國抵達上海，太炎予以了熱烈歡迎。一九一二年一月十一日，孫中山在南京就任臨時大總統，不久任命太炎爲總統府樞密顧問。

---

⑦盛先覺〈致梁啓超書〉，見《梁任公先生年譜長編初稿》，「宣統三年辛亥」條。

太炎於一九一二年一月三十日去浙江參加浙江教育會選舉後，於二月七日隨孫中山派遣的專使但燾赴南京，當天即與孫中山會晤，但住了不多日，即又回到上海，他並沒有留在南京孫中山身邊充當總統府顧問，因爲他與孫中山及同盟會舊日同志發生了新的芥蒂。

在民國初建的紛亂的政治生活中，太炎在上海就建國體制、政權形式、立法原則、經濟政策、政黨政治、黨內紛爭、對外借款、定都問題等等重大問題，發表了許多見解。儘管這些問題許多是過去不熟悉的缺乏經驗的，但太炎沒有從個人某種目的出發，他力圖使他創建的中華民國聯合會與孫中山領導的民黨，「同在一國體之下，各自團結，拿政綱政見互相切磋，相互砥礪，使人民有從違擇捨的自由和信從」[8]，企圖超越政見黨見，站在國家的最高利益與民眾的最大福祉基礎之上，來規劃一個新國家一個新政權的建設。但是，他舊日的同志，在革命勝利後需要在最大程度上擴大陣容和取得權力，因此太炎的言論是那麼令他們感到「刺耳」和不悅，意見時而相左，引起了他的舊日戰友們極大憤慨，他們認爲太炎是站到舊日敵人——立憲派和舊官僚一邊去了，感到不可容忍，而時時加以攻擊，而太炎卻是一個最最不畏漫罵的人，他執著自己的宗旨，肆言無忌，我行我素。太炎實在是太秉直了，太理

[8] 張孝若《南通張季直先生傳記》第一五六頁。

想化了、太浪漫主義了，也太善良了，他雖無私心，一腔善腸，也不乏卓識，但只是書生之見，脫離了社會實際，缺乏依靠力量，是無從實現，在政治家眼裏視爲攪局，連表面竭力恭維太炎的張謇，在他日記中也暗稱太炎「乃知政治家非文章之士所能充」。的確，文章家太理想化了，與現實大相逕庭。因此，在孫中山回到上海召開的第一次同盟會本部負責人會議，太炎作爲同盟會領袖之一，卻被摒斥在會議之外；孫中山在組建臨時政府時，欲請太炎入閣出任教育部長，卻因黨內同志極力反對，而將太炎再次摒斥在臨時政府之外；不久，舊日的隔閡變成內哄，光復會的軍事領導人陶成章和許雪秋等，分別給滬軍都督陳其美和廣東都督陳烱明派人殺害，使太炎失去了左右，成了光桿司令，連自己生命隨時在遭別人暗算之中。這一切使太炎感到傷心和失望，使他與原來的黨內同志芥蒂不僅沒有彌合，反而更加擴大了，使他對南京臨時政府的希望，也隨之破滅，反促使他與立憲黨人和舊官僚等靠得更近了。一九一二年二月十五日，袁世凱取代孫中山擔任了大總統，於是，太炎把他的希望便寄託到袁世凱的身上。

在這期間太炎曾於四月初赴常州一次，「常州返滬，席未暇暖，即至南通縣分部發表政見」❽，後去蘇州，因「許卓然君等在蘇州組織法政學校，聘請本黨理事章太炎先生爲名譽

---

❽ 載《大共和日報》一九一二年四月十二日，

校長」⑨，四月十一日返回上海。太炎從一九一一年十一月中旬返國，至一九一二年四月中旬，除去了一次杭州、後又短期去常州、南通、蘇州，絕大多數時間都在上海。

一九一二年四月二十三日，太炎離滬北上，去北京二次晉見大總統袁世凱。太炎在對民黨失望之餘，感到迫使清帝退位，宣布擁護共和的袁世凱，也許是中興中華和實行統一共和的唯一希望與支柱，因此積極爲袁世凱出謀畫策，袁世凱也聘太炎爲總統府高等顧問。太炎爲了實現他的理想王國，不斷爲袁世凱獻計，竟不惜與他舊日的同志反目，他迫不及待地將「中華民國聯合國」改組爲「統一黨」，以輔助袁世凱實行南北眞正統一。統一黨「集革命、憲政、中立諸黨而成」，選太炎、張謇、程德全、熊希齡、宋教仁爲領袖。這一切在他舊日同志與朋友看來，形同反叛，紛紛指責他朝三暮四「素賤視政黨議士，至比之干矢鳥糞，會竟甘爲抱糞之蜣螂」，這些批評，有些較公允，有些則純屬謾罵攻擊。然而性格倔強的太炎，最最不怕高壓，他依然我行我素，獨往獨來，以他的是非好惡，來評論國爭，在民初複雜的環境中，他幾乎批評一切，濫發議論，有不少事固然被他批評對的，當局或當事人而不得不悻悻作罷的，有不少事則批評得不對，但因他特殊的歷史地位，他的言行有著特殊

⑨ 載《大共和日報》一九一二年四月十一日。

影響，而致招眾怨。連「中華民國聯合會」創辦人之一的清室遺老唐文治也忍不住勸告太炎「此後以和平廣大爲心，勿詈罵以爲名高，勿偏激以致奇禍」[9]。可惜太炎沒有聽取勸告，直至三年後，當他付出了極大代價時才領悟到這一點，認識到革命勝利後，他仍如革命勝利之前一樣，語無忌憚，獨往獨來，孤立於羣貴之中，一旦落難，竟無一言之佐。說眞話是最可貴的，但說眞話的人，往往會成爲眾矢之的，故太炎有：「少好婞直，功成不改，從事南北政府間，苟有避違彈射，不避交游貴幸，遂遭傾諂，橫逆薦臻，孤立羣貴之中，旁無一言之佐」[10]之慨。正如魯迅所說：「民國元年，章太炎先生在北京，好發議論，而且毫無顧忌地褒貶。常常被貶的一羣人於是給他起了一個綽號，曰『章瘋子』，其人既是瘋子，議論當然是瘋話，沒有價値的人。但每有言論，也仍在他們的報章上登出來，不過題目特別，道：『章瘋子大發其瘋』。」[11]但是，有時太炎又會「罵到他們的反對黨頭上去了，那怎麼辦呢？第二天報上登出來的時候，那題目是『章瘋子居然不瘋』！」[12]這段文字完全是民初太

[9] 〈唐蔚芝與章太炎信〉，載《民立報》一九一二年五月十九日。
[10] 章太炎〈終制〉，載《章太炎全集》第四集，第五〇〇頁。
[11] 魯迅〈補白〉，載《魯迅全集》第三集，第八〇頁。
[12] 同[11]。

炎的生動眞實寫照，實在是一個書生從政的悲劇。因此，太炎舊日的同志不諒解他，而他新交的江浙資產階級上層代表張謇之流，在他們羽毛稍豐之後，也不再要太炎這塊牌子，他們在統一黨與其他黨合併爲共和黨時，藉太炎有反對之意，乾脆將太炎一腳踢了出去。政治上幼稚的太炎，在失去昔日同志之後，又失去了新交的今日政黨政治官僚們的支持，成了無軍司令，大大被政客們愚弄了。

七月下旬，太炎由京赴鄂，「赴武昌二十餘日」，面謁黎元洪，企圖爭取黎元洪的支持，武昌之行使他對黎元洪留下了較好的印象。九月初，太炎回到北京。十月初，赴東北奉天、長春、哈爾濱等地考察，對「俄蒙協約」以及日本在東三省勢力的滲透感到極大焦慮，外患未息，而原保皇黨立憲黨又集結勢力組成「民主黨」，內患可憂，使他深深感到「漠北不守，則塞外危，塞外危，則長城以南亦無寧宇，壤地喪失，日蹙百里，其異於前清政府者安在？」⑬他開始對袁世凱政權表示不滿，但對袁世凱本人則尚存很大幻想，因此他不斷向袁世凱闡述「統一共和」主張，並發起成立「根本改革團」，提倡「政治革命」，要袁世凱「淘汰閣員，任用良吏，總攬大權，屏絕浮議」⑭。袁世凱對太炎的直言無忌，深感頭痛，

⑬ 章太炎致袁世凱書，載《大共和日報》一九一二年十一月十八日〈輿論界慷慨激昂〉。

⑭ 章太炎〈發起根本改革團意見書〉，載一九一二年十二月一日《大共和日報》。

他感到太炎絕不是一個可以攏絡利用的人，但又不想讓太炎脫離他的掌心，便任命他爲東三省籌邊使，把他從京城內支走，放到僻遠的東北，讓他去擔任一個有名無實的籌邊使。太炎對北京齷齪的政治空氣也漸感厭惡，因此對去東三省搞實業開發有所興趣，認爲可以獨立地施展自己的一番抱負，便於一九一三年一月三日，冒著大寒走馬上任了。

太炎在東三省當了他一生中唯一的一次官，圓了他一生中唯一的一次興辦實業的夢，與當時的孫中山一樣，都想一試發展中國資本主義的開發實業的身手，這眞是無獨有偶，只是一個在東一個在南，一個是東三省籌邊使，一個是全國鐵路督辦，都以爲革命已經成功，急於去搞經濟建設了。儘管袁世凱任命太炎爲籌邊使僅僅是敷衍，但太炎卻是眞心地天眞地把它當回事做，去東三省後，到處巡視策劃，擬定了發展東北經濟的《東省實業計畫書》，繪製了黑龍江全圖，開浚河道，計造鐵路，籌辦銀行，忙得不亦樂乎。但是，這個好夢隨了袁世凱暗殺宋教仁的槍聲，使他驚醒了過來。

一九一三年三月二十日，正在忙於組閣的國民黨代理理事長宋教仁，也是辛亥革命後與太炎處得最好的同盟會領袖之一，突然被袁世凱派人暗殺於上海，這才使太炎猛然覺醒，看清了打著擁護共和招牌的袁世凱一伙的眞面目，認識到要使中國眞正完成「政治革命」，還只有依靠革命黨人，只有革命黨人的重新聯合，才是中國的希望。於是，太炎決定重返上海，回到革命同志中間去，他便託辭離開了長春，於四月十七日回到了分別近一年的上海。

慘痛的代價，使太炎等革命黨人幡然大悟，原來以爲只要推翻了滿清，天下就太平了，以爲袁世凱也「從北洋大臣變成了革命家了」，於是，革命黨人有的去辦實業了，有的解甲歸田告老還鄉去享清福了，有的謀了一官半職去當官了。然而，血的教訓，又使革命黨人聚集了起來。孫中山、黃興等人，對太炎的南歸極表歡迎，在四月二十三日，專門爲太炎舉辦了全體成員歡迎會，稱太炎爲「革命先覺，民國偉人」，陳其美在代表國民黨致歡迎詞時說：「太炎先生鼓吹革命，本吾國先覺，學問道德皆高尙純潔，四萬萬人仰爲泰山北斗，此次由北南來，適值『宋案』發生，先生爲民國主張公理人道代表，必有名言偉論」⑮。戴季陶也一改對太炎的揶揄挖苦，還與太炎一起參加黃花崗紀念和林述慶追悼會，並一起發表演說，使雙方前嫌獲釋。聽慣了嘲諷侮罵的太炎，忽聽到舊日同志的贊揚與肯定，不禁深爲感動，也誠懇檢討自己。太炎總結道：中國最大的頑症是「專制腐敗」，而辛亥革命對舊中國破壞太少，沒有觸及其根本，而「民國成立，輒曰維持現狀，……乃維持現病耳，坐視腐敗專制之病常存留中央，則民國共和終成夢想」⑯。他號召革命黨人以「猛進」手段繼續革

---

⑮ 一九一三年四月二十六日《民立報》，〈國民黨歡迎會記〉。

⑯ 〈國民黨歡迎會記〉，一九一三年四月二十六日《民立報》。

命，他說：「革命乃大破壞，改良不良政治乃小破壞，各國政治之演進，萬不能不經破壞就能改良的」⑰。四月二十七日，太炎在上海參加黃花崗紀念和林述慶追悼會時，又誠懇地提出「若因追念前人之故，而能團結其眞氣，則民國轉禍爲福之機在此」，呼籲革命黨人團結自身和廣泛動員民眾，並通過揭露袁世凱種種劣跡，以政治手段，迫使袁世凱退出大總統選舉，迫使他下臺。當時革命黨人對解決刺殺宋教仁案意見不一，孫中山主張「武力解決」，黃興主張「法律解決」，太炎主張「政治解決」。太炎建議成立「起義同志共絡會」，發起組織「弭禍會」，重新集結力量，吸取辛亥革命後教訓，再也不要「門戶各分，昔之弟兄，今爲仇敵，致令奸人乘間，坐擁高權」⑱。他說：「能以堅貞之力次第湔除者，非我光復中夏舊人，更將誰賴？若能乘此剝橈，危心自厲，塞翁失馬，正轉禍爲福之機。……如復晏安酖毒，自相侮嘲，始以口舌之爭，終以戈矛之伐，賢材既盡，民望無歸，我同志亡，中國亦喪矣」⑲。太炎的態度是懇切的，說教是深刻的，闡述是正確的，孫中山等人也極爲贊賞，終於促使革命黨人再一次的聯合。

孫中山對太炎的變化尤爲感動，他與太炎畢竟是十多年的戰友，孫中山曾說：「同盟、

⑰同⑯。
⑱章太炎〈與上海國民黨函〉，載《民國經世文編》政治三第七十一頁。
⑲同⑱。

光復二會，在昔同爲革命黨之團體……非只良友，有如弟昆，縱前茲一二首領政見稍殊」⑳，亦屬兄弟之間「偶有小嫌」，如今終於重新攜手，因此從內心感到高興。孫中山見太炎依然孤身一人，便極力撮合太炎成家。太炎的妻子王氏於一九〇三年去世，迄今已十載，太炎一人既要奔走革命，又要照顧二個孩子（章㸚、章㠭），生活非常落魄，因此孫中山囑秘書張伯純爲太炎作媒，適張伯純女兒張默君有務本女校同學湯國梨尚未成家，於是介紹吳興湯國梨給太炎。湯國梨當時在神州女校任教，是中國近代最早覺醒的女性，她一九〇七年以優異成績畢業於上海務本女校，一九〇七年卽投入革命運動，致力於婦女運動，因此很崇敬太炎。故不拒絕與年老而貌陋家寒的太炎結婚，是敬重太炎的學問與氣節，故一撮卽合，而太炎對這知書達禮的聰慧美貌的新女性也很滿意，於是雙方定下了這樁親事。

爲了推翻袁世凱，五月初，太炎專赴武昌，企圖運動黎元洪共同推翻袁世凱，然而黎元洪見宋教仁被殺，「懼及己，益懍懍」，不敢表示支持，反而讓太炎「入都視之」，去代他打聽袁世凱虛實，再作打算。這使太炎感到失望。正在此時，袁世凱發布授予太炎二等勳命令，要太炎入京授勳，企圖再次拉攏太炎，藉以封住太炎的嘴。於是太炎乾脆藉機再次入

---

⑳〈孫中山致陳炯明電〉，載《民立報》一九一二年二月二日。

京，準備與袁世凱面對面一談。五月二十八日，太炎抵達北京。太炎一到北京，就通過新聞界爲孫中山等革命黨人辯誣，他說：「政府黨之報紙對於孫、黃及國民黨恰如仇敵，如蛇蝎，將種種之事，捏造成文，或曰逆賊，或曰暴民，顚倒是非，毫無正鵠」㉑，對袁世凱的政治則公然稱「不足以稱贊」㉒，還提出要懲辦袁世凱的「四凶」，即羽翼梁士詒、陳宧、段芝貴、趙秉鈞，要求「亟屏元凶，以饜人望」。在與袁世凱見面時，他一面爲孫中山等辯誣，一面直責袁世凱是否有稱帝之心，問得袁世凱無以爲答，悻悻半日，呆呆望著太炎，說不出話來。

六月四日，太炎回到上海。經過一年多迂迴曲折的經歷，使太炎與孫中山、黃興等又匯集在一起，共謀再次革命。六月八日，國民黨上海交通部舉辦茶話會，相互懇親，居正代表國民黨在會上致詞，他說：「太炎先生爲革命先覺，開國偉人，昔日奔走國事，今日調和大局，皆煞費苦心，此次由京、鄂到滬，必有宏謀碩畫，挽救民國」。太炎接著發言說，辛亥以來，他擔心「革命黨以從前急進主義」，會把贊成共和的立憲黨人和舊官僚嚇跑，故匆匆致力促進聯合與統一，結果是亂了革命黨人自己的陣腳，使舊勢力得以養息而捲土重來，這

㉑〈章太炎之時局談〉，一九一三年六月九日《大共和日報》。

㉒同㉑。

使他感到痛心與後悔，對自己作了深刻的自我批評；他又說：「一年以來，從各方面觀察，又將民國人物一一比較，覺吾民黨終算是有良心的，自始至終尚不違背國利民福四字」，因此，他指出民黨不應再互相猜忌，應「聯合各省起義同志爲一氣」，把政權從舊軍閥、舊官僚、立憲黨人手中奪回來。

六月十五日，恢復感情的革命黨人，爲太炎舉辦了隆重的婚禮。婚禮在哈同花園舉行，由蔡元培任主婚人，孫中山、黃興、陳其美等革命黨人和其他賓客共二千餘人前往祝賀，盛況空前，這不僅是太炎遲到的「蜜月」，也是革命黨人新的「蜜月」。

太炎與湯國梨的婚事，在太炎一生中可算是件大事，他終於有了一個家，儘管這是遲到的婚姻，太炎已是四十六歲的人了，湯國梨也已三十一歲了，這正證明這婚事來之不易。婚後太炎夫婦「卜居於北四川路長豐里二弄弄底，卽神州女學前址」㉓。卽北四川路長豐里二街二六九號㉔。在這之前，太炎來滬均借宿於哈同花園，結婚後再住在哈同花園就不合適了，太炎必須建立一個自己的家，需另覓新居，但因婚期安排倉促，四月底定下婚事，五月

㉓〈章太炎先生之婚期〉，一九一三年六月十四日《民立報》。

㉔見章氏家屬收藏湯國梨一九一三年十月十五日致太炎信的信殼爲：「北京宣武門化石橋共和黨本部，章太炎先生啓，上海北四川路長豐里二街二六九號，湯緘。」

赴武昌與北京，六月中旬成親，不及充分準備，故臨時借住神州女學舊址是完全可能的。神州女學與太炎夫人有著密切關係，她當時是神州女學教務長，這是一所有革命傾向的學校，故在沒有覓得合適住處之前，暫借神州女學舊址作新居，是完全合理的。據太炎長子章導追述母親湯國梨結婚時回憶說：「先母成親時，賓客滿堂，由蔡元培先生證婚，中山先生等都來祝賀，但家中甚爲簡陋，僅有白木方桌一張，長條木凳四只，新房內其他傢俱和陳設，都是從外面租來的」㉕。這大概是眞實的回憶，是符合太炎當時思想與生活的實際情況的。

太炎婚後第三日，即六月十八日，便致電袁世凱，稱：「從政以來，除奸無效，從昏不能。……懇乞將東三省籌邊使開去，死生之分，一聽尊裁」，毅然辭去袁世凱封給他職務——東三省籌邊使，表達了對袁世凱的決裂。六月二十日，太炎攜妻湯夫人回餘杭省親，並歡度蜜月。但是，太炎的蜜月很快被突變的政治風雲所破壞。

袁世凱在刺殺宋教仁後，向英、法、德、俄、日五國銀行大量借貸資金，達二千五百萬英鎊，然派兵南壓，先後罷免了國民黨人李烈鈞、胡漢民、柏文蔚等都督職務，欲一舉消滅革命黨勢力。孫中山等革命黨人退無可退，被迫舉行「二次革命」。七月十二日，李烈鈞首

㉕ 章導〈憶辛亥革命前後先父章太炎若干事〉，載上海文史資料《辛亥革命七十周年專輯》，第六四頁。

先在江西興師討袁。太炎雖然不贊成這樣倉促舉義，但還是和革命黨人站在一起，投入了「二次革命」。七月十六日，太炎在上海發表了支持「二次革命」的〈宣言書〉，稱袁世凱政府「厲行暗殺、賤害勳良，借外力以制同胞，遠賢智而近讒佞，肆無忌憚，不恤人言」，「至於今日，而江西討袁之師以起，江南諸軍，一時響應，晉陽之甲，庶幾義師，夫天之所助者順，人之所助者信」[25]。同時，又發表〈致黎元洪電〉，鼓動黎元洪「亟宜厲兵北向，請誅罪人，以爲南方指導，然後可爲國家謀利澤耳」[26]。七月二十日，太炎又與蔡元培聯名通電，聲討浙江都督朱瑞「延不宣告獨立」的種種劣跡。七月二十六日，太炎發表支持「二次革命」的〈第二次宣言〉，指出「今之起兵，爲政治革命也。然則有害政治者，一切當鋤而去之，非若去歲光復之師，但欲傾覆清廷，而臣僚可以不問也」[27]，這些所謂「臣僚」即是梁士詒、陳宧、段芝貴、王賡、陳漢第、熊希齡、趙秉鈞。

「二次革命」終因準備不足，力量又過於懸殊，旋告失敗，袁世凱對革命黨人嚴加鎮壓，到處懸榜緝拿革命黨人，白色恐怖籠照全國。孫中山、黃興、陳其美等紛紛再度流亡海

---

[25] 章太炎〈二次革命宣言書〉，載《民立報》一九一三年七月十七日。
[26] 章太炎〈致黎元洪電〉，載《民立報》一九一三年七月十七日。
[27] 〈章太炎第二次宣言〉，載《民立報》一九一三年七月二十七日。

外，太炎卻堅不肯走，他表示「要與諸志士同處患難，爲中夏留一線光明」㉘。他認爲民國已經建立，還要流亡海外，乃奇恥大辱，而留在國內「袁氏網羅周布，無所逃死」，不如「冒死入京」，欲「時危挺劍入長安，流血先爭五步看」㉙，以決死的精神，去與袁世凱作最後抗爭。八月十一日，太炎抵達北京。這時，他新婚尚不滿二月。

在太炎離開上海不久，他的夫人於一九一三年秋，爲他們覓得了一個住地作爲家。今《章太炎先生家書》中四封通信，都談到了此事，（十月十四日）稱「新遷房屋如果可居則甚佳」，（十月十七日）「既賃馬立司路房屋，移居時應稍注意書籍勿散亂」，（十月二十一日）「近日想已遷居」，（十月二十五日）「回信望將新遷寓址之門牌號數開明」。在這之前，新婚的太炎僅暫住於四川北路神州女學舊址，他在上海並沒有建立自己的家，因此太炎有許多東西，特別是從日本攜回的書籍，都還寄存在哈同花園內，這從他一九一四年八月十六日致女婿龔未生信及一九一四年六月二十六日致湯夫人信中，都可證實這點，信稱：「書存哈同花園者，在其藏經流通處」，及「書籍存哈同花園者，可就取回」，由此可見，太炎婚後還來不及建立一個自己的家，就去了北京。湯夫人在太炎去北京後，於該年秋覓得

㉘〈章太炎致伯中信十一〉，見湯志鈞《章太炎年譜長編》第四四六頁。
㉙章太炎〈時危〉詩，載《太炎文錄》卷二。

一個住處建立的新家，其地址在何處，無見史載。今從太炎家屬藏物中，可見當時太炎寫給他夫人信的信殼，信殼上的地址爲「上海孟納拉路一一〇九號」或「上海孟納拉路永年里」，即今延安中路八二五弄。太炎在一九一四年（十月二十二日）致湯夫人信中談到過「永年里」，他說：「君果不欲住永年，上海豈有暫安之處？」這「永年」即「孟拉納路永年里」，也可以說是太炎在上海的第一個家庭住址。可是，太炎本人住入這個家，將是一九一六年七月之後的事情，因爲他在北京遭到袁世凱羈禁，長達三年之久，直至袁世凱去世，他才意外地重獲自由，得以回到這個家。

三年囚禁，太炎始終不妥協不屈節，鼓舞了廣大革命者反袁鬥爭，寫下了他一生中又一段光榮史，也是一曲正氣歌，與「蘇報案」入獄同樣光榮光輝。魯迅曾高度評價了太炎這一段歷史，稱「以大勳章作扇墜，臨總統府之門，大詬袁世凱的包藏禍心者，並世無第二人。……這才是先哲的精神，後生的楷模」㉚如果不是袁世凱的短壽，太炎也許難以重見天日，如果沒有「護國運動」促使了袁世凱的垮臺，太炎也許難以重獲自由。一九一六年六月二十五日，黎元洪派侍衞武官張長勝護送太炎離京，送至天津，然後浙江都督呂公望派員迎護太炎返滬。七月二日，太炎再一次回到上海。

㉚ 魯迅〈關於太炎先生二三事〉，《魯迅全集》第六卷：《且介亭雜文末編》。

太炎重返上海，再一次被視爲英雄凱旋，受到各界人士熱烈歡迎。七月三日，浙江省在滬國會議員舉行歡迎大會於一品香旅館，各界人士一百多人與會。太炎在歡迎會上「痛念前塵」，動情地說：「今日中國，尤不宜有政黨，蓋黨會偶一發生，官僚卽羼之而入也，……漸爲其把持盤踞，於是，國人多詬病矣」㉛，慘痛的教訓，沉痛的代價，曲折的經歷，使太炎說著說著竟失聲痛哭了起來，「座中諸人亦有泣下者」㉜。的確，因革命黨人的幼稚，使老奸巨滑的官僚政客趁機篡奪了革命政權，使革命受挫國家遭殃人民受難，又犧牲了許多仁人志士，這使太炎感到悲痛，至使他——一個近五十歲的漢子——竟失聲痛哭了起來。七月四日，上海道尹周晉鑣爲太炎舉行歡迎會，「到的都是上海名士以及革命分子」㉝。七月五日，浙江都督呂公望派省參議院院長張翅、副議長龔未生專程來滬迎太炎夫婦回浙，並舉行了盛大歡迎會。太炎在浙偕夫人歸故里掃墓探親，五日後返回上海。

這時，流亡在海外的孫中山、黃興等也紛紛回到上海，老同志老戰友又重逢，倍感親切，「言及國是，嗟嘆而已」。連日他們一起參加了上海各種活動。七月十三日，太炎與孫中

㉛〈歡迎章太炎先生紀聞〉，載《中華新報》一九一六年七月四日。

㉜同㉝。

㉝陳存仁〈章太炎師八十四封情文並茂的家書〉（下），載臺灣《傳紀文學》第六十卷第三期，第一二一頁。

山、黃興等參加了歡迎國會議員北上會，會上太炎作了熱情洋溢的演講，他對辛亥革命後竭力避免過激，力免「暴徒」之稱，作了糾正，他說：「今者帝制餘孽，猶未剷除，墨吏貪人，布滿朝列，非震以雷霆霹靂之威，仕途何自而廓清，政治何由而循軌，而欲勵行此事，必不能避暴徒之名」㉞，「是故欲見清明氣象，非暴徒不爲功」㉟。太炎的講話被十二次掌聲打斷。七月十五日，太炎與孫中山、黃興等一起參加粵省駐滬國會議員茶話會，會上他與孫中山都發表了演講，太炎在演說中強調了要注重文化，他說：「國家之所以能立於世界，不僅武立，有立國之元氣也。元氣維何？曰文化。……然吾國自比年以來，文化之落，一日萬丈，是則所望於國民力繼絕運，以培吾國本者耳」㊱。七月二十三日，太炎與孫中山、黃興等參加了日本總領事在上海舉行的「中國國會議員歡迎會」。七月二十八日，孫中山於一品香旅館，招待中日兩國人士，太炎與黃興都出席了招待會。八月十三日，太炎與孫中山、黃興等在上海舉辦了二次革命以來死義烈士追悼會，追悼會借「法租界霞飛路尚賢堂」舉行，太炎撰寫了〈告癸丑以來死義諸君文〉，並在追悼會上發表演說，指出：袁世凱雖死，但「帝孽

㉞〈章太炎之暴徒解〉，載《中華新報》一九一六年七月十四日「緊要新聞」。

㉟同㉞。

㊱〈尚賢堂茶話會諸名流之演說〉，載《時報》一九一六年七月十八日。

猶在」，「軍人干政之勢未能廓清」，前程「未能樂觀」。縱觀袁世凱去世後中國之政局，政權仍掌握在袁世凱黨羽直系軍閥馮國璋和皖系軍閥段祺瑞手中，這促使了革命黨人進一步團結奮鬥，他們以上海爲中心，開展了與北洋軍閥的鬥爭；太炎走了一段彎路，重新回到革命陣營，證明了他膺服眞理的個性，敢於隨時隨地與自己錯誤意識決裂，這時期他的言行對中國革命的政局仍具有指導作用。

太炎重獲自由後，終於住到他在上海的第一個家——孟納拉路永年里——與他闊別三載的新婚的妻子團聚，自是喜悅，不待多述。但是，永年里這住址畢竟是他夫人當時一人暫居之處，不免簡陋局狹，如今他凱旋生返，就需要另覓一個適當的住處作爲家居。於是他們另覓了一個新居，即永年里往東五十米處，長浜路「也是廬」。

長浜路，即今連雲路。也是廬，在連雲路北端，近孟納拉路（今延安中路）口，即今連雲路七一九號。大門朝西，大門左對方，就是上海著名的「新城隍廟」㊲，左邊鄰宅爲上海著名傷科醫生石筱山診所。也是廬外沿馬路，內部結構呈口字型，內分成幾個小天井，是二層樓結構的住宅，居住著多戶人家，有一家即是盛伯鈞醫生。太炎住處不沿大街，係裏面一

㊲上海市原有城隍廟二處，一住於南市老城內，迄今尙存，一住於城外長浜路，六十年代末被拆除。

底一樓住房，並占有一個小天井。馬叙倫在他《石屋餘瀋》中的〈章太炎〉一文中，記述一九二〇年他在上海見到太炎的情景，他說：「九年（卽一九二〇年），余爲外姑之喪南歸，道經上海，訪之於也是廬，見高朋滿坐，皆縱橫捭闔之儔也，余起居之卽別」。文中之「訪之於也是廬」，卽太炎寓。也是廬可以說是太炎建立家庭後在上海的第二個住址。在那裏，他生活了將近五年，他的大兒子章導（孟匡）卽出生於此，但太炎在也是廬眞正居住時間，僅不過三年多。

一九一六年八月底，太炎在他回到上海後僅僅一個多月，又離開上海，「南赴肇慶，謁雲階（岑春煊）」㊳。因爲當時袁世凱雖死，黎元洪名義上接任了大總統，而政權實質上仍掌握在袁世凱黨羽馮國璋、段祺瑞手上，他們一面繼續鎭壓民主力量，一面大動干戈爭奪權力，弄得民不聊生，國不將國，使太炎深爲憂慮。値此，兩廣護國軍總司令岑春煊及李根源、章士釗適有電致太炎，謂「一別三年，天地異色，……公何日南來，當把盞以待，……與公一夕談爲至快耳」。於是太炎決定南下肇慶，欲說服岑春煊用護國軍繼續對抗北廷馮國璋、段祺瑞。

㊳ 章太炎《自定年譜》。

肇慶，當時為西南討袁軍務部，太炎抵肇慶後，岑春煊正忙於在兩廣爭奪自己的地盤，與龍濟光打得不可開交，絲毫不以國事為重，直到將龍濟光逼走，「粵事經已解決」，便撤消護國軍司令部，自己竟也返回家鄉廣西，根本沒有考慮將護國運動進行到底，這使太炎感到非常失望，感到「南方無可與謀者，遂出遊南洋羣島」[39]，另去南洋羣島華僑中去爭取支持者。辛亥革命能取得勝利，跟華僑的支持是分不開的，尤其南洋華僑支持甚力，光復會得到南洋華僑支持更鉅，所以南洋煙草公司簡氏兄弟請太炎南遊，太炎欣然前往。

九月十五日，太炎由肇慶抵香港，隨行者有肅韻珊、嚴濬宣、廖仲任、方毅伯、曾雅南，在香港逗留十餘日後，於九月二十七日午乘坐美國郵船赴南洋。二十九日傍晚抵達新加坡。十月七日抵檳榔嶼，十二日由檳城乘火車往怡保，十六日抵吉隆坡，後又前往爪哇旬餘。十二月初，由爪哇返新加坡，本擬再往仰光、暹羅等地，因收到孫中山急電，電稱：「新加坡南洋兄弟煙草公司轉章太炎先生鑒：現在孫中山、唐紹儀、孫洪伊諸先生組織一大政治團體於上海、北京，請速返滬，共謀進行」[40]，太炎見電，便急急返滬，結束了南洋之行。太炎在南洋，到處參觀、訪問、演講、講學，宣傳革命，鼓動華僑，並為有功辛亥革命的華僑陳

---

[39] 章太炎《自定年譜》。

[40] 孫中山致章太炎電，載《民國日報》，一九一六年十一月三十日第六版。

楚楠、張永福、林義順「請各給勳章，以惠遐邇」，加以慰撫。但太炎尋求南洋華僑的支持的努力，並沒有如願以償。

十二月四日太炎由南洋羣島返回上海。在太炎離開上海四個月中，辛亥革命另二位領袖蔡鍔與黃興分別去世，這使太炎異常悲慟，回滬後即撰寫了〈黃克強遺奠辭〉，與孫中山等一起參加了公祭。他從黃興的去世的悲哀中，更感到「人才日乏，凶暴日長，知大亂之將作」。的確，新的烏雲正在頭頂雲集。當時黎元洪名義上是大總統，但實權仍操在袁世凱黨羽手上，因此黎元洪聘太炎爲總統府政治顧問，太炎即加以拒絕。黎元洪恢復的臨時約法與國會，已成了北洋軍閥們眼中釘，他們要想盡辦法除去黎元洪及臨時約法和國會而後快。於是，段祺瑞藉口對德宣戰，參與了第一次世界大戰，借機擴張自己的軍事力量，段祺瑞又藉口黎元洪、孫中山、章太炎反對參戰，便組織所謂「公民請願團」，包圍國會，甚至假張勳辮子兵入京，鬧了一場「復辟」醜劇，逼走黎元洪，從而讓馮國璋出任大總統，段祺瑞本人則出任國務總理，達到解散國會與廢止臨時約法的目的。於是導致了一九一七年七月爆發的「護法革命」。

太炎從一九一六年十二月南洋歸來，到一九一七年七月投入「護法運動」，這七個多月，是太炎自戊戌變法以來，在上海度過的最相對平靜的一段生活，這對太炎一生來說是極其難得的。這期間太炎生活上政治上學術上也相對平穩，僅有以下數事值得一記。

生活上喜得兒子。在此之前，「余始未有子，是歲四月（卽一九一七年四月二十八日，農曆三月初八），湯夫人舉一男，小字曰導[41]，以王茂弘期之也」[42]。這爲太炎生活添了不少喜悅。

學術上爲孫中山《會議通則》撰寫了序言[43]；並創建「亞洲古學會」，這是太炎繼一九〇八年在日本創建亞洲第一個反帝同盟「亞洲和親會」後，又一個以亞洲爲中心的學術同盟，企圖「聯合同洲情誼，昌明古代哲學爲宗旨」，並決定創辦《大亞洲》雜誌。

政治上與孫中山等重修於好，並拒任北廷委任的國史館館長。一九一六年十二月十日，孫中山曾致電大總統黎元洪，推舉太炎主國史館館長，稱「太炎碩學卓識，不畏強御，古之良史，無以過之，爲事擇人，竊爲最當，敢陳鄙見，以待採擇」，以後浙江都督呂公望，以及議員吳景濂、林森、褚輔成、居正、馬君武、田桐、鄒魯……等五十七人也分別致電黎元洪，力薦太炎長國史館長，但北京一批政府「要人」，深畏太炎的秉直，又深知太炎受袁世

---

[41] 章導，太炎長子，一九一七年四月二十八日生，一九九〇年九月三十日卒。

[42] 章太炎《自定年譜》。

[43] 《會議通則》後改名爲《民權初步》，編入孫中山《建國方略》之三《社會建設》。

凱囚禁三年，反北廷最烈，便力阻太炎出任國史館長。太炎本人也深知「今日之中央，已如破甑，不須復顧，阿附當事者，誠無人格，而抗志猛爭者，亦爲未達時務，豺狼當道，……得其惡熟，將必自焚」㊹，故主動辭去國史館長之職。在這期間，太炎的政治主張基本上與孫中山一致，他們共同反對參與歐戰，反對廢除臨時約法和解散國會，一起署名發表的電文有——〈陳公英士舉殯訃告〉及五月十一日〈致黎元洪電——請嚴辦僞公民〉，五月十四日〈致黎元洪電——再請嚴懲暴徒〉，五月二十日〈致黎元洪及參議兩院議員電〉及〈致段祺瑞電〉，六月六日〈致南方各省電——嚴斥中立〉，六月十日〈致唐繼堯電〉、〈致陳炯明電〉、〈致陸榮廷電〉，反對張勳領兵入京。

太炎相對穩定安定的生活很快中止了。一九一七年六月七日，張勳率五千辮子兵北上，十四日進入北京，迫黎元洪解散國會，七月一日，竟推戴廢帝溥儀「臨朝聽政」，改回宣統年號，重掛清朝黃龍旗，公然復辟。段祺瑞藉口討逆，攻占北京，又乘機廢除《臨時約法》。國會是當時中國資產階級民主革命的象徵與產物，代表了先進的中國人向西方學習民主共和制度的理想和願望，也是在中國政壇上第一次以民主代議制取代君主獨裁制。而《臨時約

㊹〈章太炎尺書〉，載《中華新報》一九一七年二月七日。

法》，是中國資產階級憲法產生前的臨時憲法，其宗旨是「中華民國之主權，屬於國民全體」，表達了國家的性質，是中國資產階級革命派依據西方民主制度和分權制衡原則，推行的責任內閣制，以取代封建君主專制，使制度法典化和條文化的產物，是多少仁人志士用鮮血換來的成果，儘管「國會」與「臨時約法」很不完善，卻體現了民主與共和的精神，代表了辛亥革命的僅有成果。因此，無論袁世凱或其他軍閥、帝孽，都很仇視「國會」與「臨時約法」，必欲去之而後快。於是環繞要不要「國會」與「臨時約法」，便爆發了「護法革命」。

七月三日，孫中山在他上海環龍路住宅邀集國民黨領袖及軍界將領開會討論時局變化的對策，太炎、譚人鳳、柏文蔚、汪精衛、唐紹儀、程璧光、孫洪伊、薩鎮冰等參加了會議，會議開了整整三天，決定「護法討逆」，以捍衛辛亥革命的成果。據太炎長子據母回憶這段歷史說：「一九一七年夏，我家居住現在上海連雲路延安路口的也是廬，中山先生住現在的香山路，常派車來接先父去商量國家大事。有一天，先父去中山先生寓所夜深未歸，先母遣人去接，派去的人回來說：『先生說今天會議未完，不回來了。』第二天再遣人去接，又回來說：『先生說今天會議未完，不回來了。』第三天依然未能接回。第四天正擬遣人再去，只見報章已登載他隨中山先生乘軍艦去廣州，不告而去了」㊺。七月六日，太炎隨孫中山南下，去廣州組織護法軍政府，開始了他「護法運動」的生涯，他與家庭的不告而別，正是他有國無家的一貫風格。

一九一七年九月十日，護法軍政府在廣州成立，孫中山就任大元帥，太炎就任大元帥府秘書長，開始了艱苦的「護法革命」。護法革命是繼武昌起義、贛寧之役、護國討袁後的第四次革命，長達六年之久的護法革命可以分爲三個階段，也可稱爲三次護法，是孫中山「投身革命以來第一次在中國本土上長期領導進行的舊民主主義革命運動」，「護法軍隊先後占領兩廣，以孫中山爲大總統的廣州『正式政府』成爲繼南京臨時政府之後建立的又一個資產階級民主政權」㊻，爲新民主主義革命奠定了基礎。但是，整個護法革命，尤其護法的第一階段，沒有與廣大民眾廣泛結合，也沒有建立自己的軍隊，護法革命只是利用軍閥來反對軍閥，因此最後釀成了一杯苦酒，連孫中山本人也幾乎爲他的「護法盟友」謀害與驅逐，更何況太炎呢？太炎爲了助孫中山建立護法軍政府，奔走於南方諸軍閥之間，代表孫中山動員他

㊺ 章導〈憶辛亥革命前後先父章太炎若干事〉，載上海文史資料《辛亥革命七十周年專輯》第六四頁。

㊻ 莫世祥《護法運動史》。

們加入護法行列，他歷時十五個月，「跋涉所至，一萬四千餘里，中間山水獰惡者，幾三千里」[47]，幾口枯舌爛，卻被這些陽奉護法陰爲私利的軍閥所欺騙，無功而返。現實使太炎清醒認識到「廣西（陸榮廷）不過欲得湖南，雲南（唐繼堯）不過欲得四川，借護法之虛名，以收蠶食鷹攫之實效」[48]，南北軍閥同爲「一丘之貉而已」。

一九一八年五月，孫中山被迫辭去軍政府大元帥，先期回到上海，南方由岑春煊取得軍政府國務總裁之職，第一次護法宣告失敗。九月，北方徐世昌當選「總統」。十月十一日，太炎結束了一年又三個月的「護法」，幾葬身南方軍閥之手而生返上海。「抵家五十日間，未嘗浪發一語」[49]，深深陷入失敗的悲哀之中，而不能自拔。護法運動的失敗，對太炎刺激實深，他甚至斷言——「中土果有人材能戡除禍亂者，非今日所敢望，當待十年以後」[50]。在他一生中充滿坎坷與失敗，而像護法運動被南北軍閥如此愚弄，使他感到是奇恥大辱，還是第一次。作爲一個書生學者，他心中充滿對國家與人民的愛，滿腔救國熱腸，行不及私，

[47] 章太炎《自定年譜》。
[48] 〈章太炎對於西南之言論〉，載《時報》一九一八年十二月二日。
[49] 同[48]。
[50] 同[48]。

思想行爲，經緯分明，光明磊落，不懂得說一套做一套，更不懂得使用陰謀詭計。而在太炎他們追求中國光明民主繁榮的途中，卻遇到許多軍閥政客的干擾，他們心懷鬼胎，說一套做一套，這使善良的革命派一次次上當，使革命一次次受挫，正如太炎所說，中國幾千年來最大的弊病是腐敗，許多陰謀家千方百計把大公化爲小公，又將小公囊爲私有，使國家遲遲不能進步。護法運動失敗，使太炎進一步看清中國政治舞臺的眞面目，更使他看清了南方軍閥與北方軍閥一樣可憎，這思想將深深影響太炎以後的歷史行程。

從戊戌變法到護法革命，太炎來到上海已整整二十個春秋了，一次次的失敗，使他計窮力竭，舉目環顧，軍閥混戰中的水深火熱的祖國，多麼使他傷心，應該依靠誰去拯救中國呢？他心中越來越缺乏變數，除了悲憤，越來越缺乏辦法與信心，他的信心在消失，他的鋒矛在遲鈍。太炎回滬後，時常呆坐在家中，一籌莫展，他恨南方岑春煊之流口是心非者，他更恨北方徐世昌之流老奸巨滑者。當時，太炎在也是廬寓所，雇用了一個丫頭，相貌甚陋，太炎爲她取名叫「東海」，因爲徐世昌號東海，借此洩忿，以示對徐世昌之流的蔑視，這與他當年登高振臂叱咤風雲相比，顯得多麼無力與無可奈何！

太炎從辛亥革命爆發返回祖國，再度來到上海，到投入「護法運動」，失敗而歸，在上海一共度過了八個多年頭，這是他一生中最不平靜的一段歲月。辛亥革命驟然勝利，許許多多過去不熟悉的問題攤到了他的面前，各種各樣矛盾脅捲了他而流，他爲了避免過激，而嚇跑贊成共和的立憲黨人與舊官僚，使革命成果得而復失，不惜與他舊日同志反目，而輕信袁世凱，被袁世凱大大愚弄；在血的教訓面前，他幡然大悟，終於與革命黨人重新携手共襄「二次革命」，被袁世凱囚禁三載，付出了沉重代價；袁世凱死後，他繼續爲革命奔走，二次南下，一次爲爭取岑春煊和南洋華僑，一次爲護法革命爭取南方軍閥支持護法軍政府護法，先後失敗，頹喪而歸，陷於深深無奈之中。這絕不是太炎個人的悲劇，而是太炎所代表的舊民主主義革命派與舊民主主義革命，已經走到了盡頭，它已無力領導起中國革命的使命，時代在呼喚新的領導力量降生。這八年中，太炎雖然建立了新的家庭，在上海有了自己的家，但他在上海的時間，只有三年左右，是他一生中奔波最辛勞的時期——這就是一九一九年——「五四」運動的前夜！——所有中國人在重新思考，開始了新的探索！

從辛亥革命勝利返回祖國，到投入「二次革命」，參加「護法運動」，這八年中，太炎忙於捍衞和建設新國家，學術研究時間相對減少，學術處於低谷。唯被袁世凱幽囚的三年中，「舍讀書無可事者」，而成《自述學術次第》，「自知命不久長」，對自己的學術經歷作了一個系統的總結；又將《訄書》加以增刪，更名爲《檢論》；還手訂了《章氏叢書》，有右文版的和浙江圖書館版二種，浙圖版刊印最精，共三函，三十二冊；另有弟子吳承仕手錄，太炎口授關於哲學、佛學、諸子學、宋明理學、音韻文字學「玄理」的《菿漢微言》，共收錄口義一百六十七則，具有較高學術價值；其餘均是大量的通電、宣言、政論、演說、信函、序跋，這裏就不一一細述了。

從五四運動到北伐戰爭

太炎經歷辛亥失敗、癸丑失敗、護國失敗、護法失敗之後，銳氣大減，他目睹軍閥割據氣焰日漲，打倒了一個皇帝，卻招徠了一羣土皇帝，使人民陷入了更深苦難之中，這是他始未所料的，他憤怒，他頹唐，他掙扎，時而閉門杜客，時而沉而再起，他不甘心讓仁人志士們的鮮血枉流，但是，他已經沒有力挽狂瀾的辦法，也沒有羣眾、軍隊與政權，他只有在軍閥政客中繼續尋找支持力量，結果反爲軍閥政客們利用，反招致更大的失敗。

正當太炎一伙埋頭獲法運動，企圖在軍閥中尋找支持力量時，世界卻發生了許多變化，俄國十月革命的成功，社會主義學說在俄國獲得實踐，並向世界廣泛傳播，工人農民第一次登上俄國的政治舞臺而執掌政權，無產階級開始走上歷史舞臺，與資本主義形成兩個營壘，中國工人運動開始形成，科學社會主義在中國得以傳播，出現了新文化運動及學生愛國運動……。上海作爲中國的經濟中心和文化中心，自辛亥革命之後，封建經濟基礎受到很大破壞，民族工商業得到了很大發展，尤其一九一四年第一次世界大戰的爆發，給中國民族資本的發展創造了機遇，一九一三年袁世凱的大借款，也使外國資本在上海的金融業務迅速發展，使上海成爲全國經濟中心，產生了新的生產關係；經濟又帶動了文化，新思想新文化在上海蓬勃發展，宣傳新思想新文化的《新青年》雜誌一九一五年創刊於上海，高舉起「民主」與「科學」兩面旗幟，來「救治中國政治上、道德上、學術上、思想上一切的黑唔」❶，向封建專制主義發動了新一輪攻勢，並熱情介紹馬克思主義的社會主義學說。宣傳社會主義學說，成爲當時的顯學，連國民黨的不少宣傳家也樂此不疲，他們在《民國日報》上，大量宣傳日本強占山東主權和蘇俄社會主義革命現狀，中國資產階級革命派與改良派都不約而同地選取「社會主義」，正如馬克思所說：當時中國流行的「社會主義是資產階級的運動，而共產主義則是工人階級的運動」❷，這主義恰恰適合中國資產階級政治代表既要發展資本主義，又要防止其流弊的政治主張和道德信念。這一切變化，太炎與其說欠少洞察，毋寧說開始失去對時代觀察的敏銳力，他再也沒有像他早年那樣如饑如渴地去研究新思潮新學說，沒有再細心地去聽取人民有什麼新的心聲，他更沒有去懷疑舊民主主義革命的綱領是否依然先進。昨天他曾代表先進，今天倘若你追不上時代，不能與廣大民眾哀樂一體，不能成爲時代的領導者，不能像反對清王朝和反對袁世凱那樣走在時代前列，你將被淘汰!!這痛苦的眞理，對太炎這些中國資產階級革命派的第一代先知，是多麼難以接受，但時代就是如此無情地開始淘汰稍有遲疑的時代落伍者。

❶ 陳獨秀《青年雜誌》創刊宣言〈敬告青年〉。

❷ 馬克思和恩格斯〈共產黨宣言——一八八八年英文版序言〉，載《馬克思恩格斯選集》第一卷第二三六—二三七頁。

護法失敗後，北洋政府爲了徹底分化瓦解革命力量，又提出「南北議和」，孫中山周圍有些人也頗有議和之意，太炎聞訊後，再次翕起，他於一九一九年一月，在上海發起成立了「護法後援會」，參與者還有吳崑、方潛、茅祖權、陳義、拓濱、劉昌義、杜義、鄧玉麟、高尙志等，四月，廣東成立「護法後援會分會」，由童杭時、項肩、夏芷芳、周震麟任主任幹事，曾鼓噪一時。一年之中，太炎常以「護法後援會」名義，發表通電等，時而反對南北議和，時而提倡懲辦禍首徐世昌，時而又譴責南方軍閥陸榮廷，時而提倡裁兵……，這些言行雖不能代表時代的主旋律，也沒有引起世人多大重視，也不爲南北軍閥歡心，但終究使南北議和的陰謀沒有得逞，從某種意義上說，的確是對護法主張的後援。

一九一九年五月四日，「五四運動」爆發，這場反帝反封建的愛國學生運動，雖然不是由太炎等發起，他也遠遠沒有理解這場運動的意義，但太炎憑著他愛國的直覺，熱情地支持了這場運動。太炎於五月七日，以「護法後援會」名義通電廣州參眾兩院軍政府各總裁及護法各軍督軍、省長、總司令，稱：「宛平大學學生三千人，捶死章宗祥，燒曹汝霖宅，此次賣國事狀，主之者徐世昌、段祺瑞也，章、曹受人命令，蓋無足道。學生年少，未識主使，然亦足以自豪。諸君老矣，望視學生更進一籌，毋貽原壤之誚」。對學生愛國行動表示了極大支持，同時繼續將矛頭直指北洋政府的禍首徐世昌和段祺瑞，表現出他一貫的無私無畏的愛國情懷。

從戊戌變法到五四運動，前後二十年，太炎幾乎參加了這期間所有重大戰鬥，經受了舊民主主義革命的一次又一次的戰鬥洗禮，而這場新文化運動而導致的五四運動，其旗手魯迅兄弟、錢玄同、陳獨秀、胡適、吳虞等人，不是出自太炎門下便是受過太炎很大的影響，他們的批孔反對舊禮教等，也淵自太炎辛亥之前的反孔，但是，如今太炎對這樣一場偉大的劃時代的五四運動，僅僅表示了同情，身置其外，失去了他以往的敏感，既沒有投身於這場偉大的運動，也沒有去和廣大民眾與青年結合，更不要說去領導和指導這場運動，明顯地出現了落伍。現實就是如此涇渭分明，當你跟不上時代而一旦落伍，你就會成爲時代的對立面，會被潮流嘲弄或拋棄，歷史就是如此嚴酷無情。隨著舊民主主義革命走到了盡頭，太炎感到精疲力盡和步履蹣跚了，儘管他愛國之心一日不薄，但他失去了昔日的朝氣與敏銳，開始捕不到時代的主旋律，開始跟不上時代的步伐，再也充當不了時代的主角，漸漸地與時代的距離拉大，走向他人生輝煌歷程的下坡……。

二十年的拼搏奮鬥，一系列的挫折打擊，太炎終於累倒了，病垮了。一九二〇年，「自一月患黃疸，至於三月」❸，稍愈，六月始「熱病大作，幾死」❹，飽經憂患的太炎，又開展了

❸ 章太炎《自定年譜》。

❹ 同❸。

與疾病的痛苦鬥爭。病中他一邊治病一邊研究醫學。太炎本出身於一個世醫之家，用他自己話說：「吾家三世皆知醫」，他自小也愛醫，亦隨仲昂庭醫生學過醫，以後師從俞曲園，俞先生也兼愛醫學，著有〈發醫論〉、〈內經辨言〉、〈枕上三字經〉等醫論，對太炎亦有影響，所以青年時代的太炎，就泛涉醫典，自稱「幡閱醫書，此爲性之所喜」，在醫學上也下過功夫。但是，時代的召喚，使他在醫國與醫人兩條道上，選擇了「上醫醫國」的道路，投入到救亡的社會洪流之中。以後在革命途中，他仍不忘研讀醫學，蒐求古代醫典，尋求各種古代驗方，又十分注意吸收西方醫學成就，尤其在流亡日本期間，致力中西醫比較，使他對中西醫之異同得失，有了許多新的見解，並能運用近代科學知識，來總結中國傳統醫學的遺產。太炎初患黃疸，「自治得愈」[5]，並沒有請教醫生。過了二月，他「又病宿食，自調局方平胃散啜之，晡時卽發熱，中夜汗出止，自是寒熱往來如瘧，日二三度，自知陽明少陰病也，服小柴胡湯四五劑不應，熱作卽憒憒不可，奈何，間出以芒硝竄之，微得下，表證爲不衰」[6]。於是，他只好請仲右長醫生來治，仲右長係仲昂庭之子，繼承父業，治病頗有心得，他看了太炎所服的藥，謂：用小柴胡湯藥不誤，但「此病挾熱，診脈得陽微結，何乃去

[5] 章太炎〈仲氏世醫記〉，載《杭縣志稿》一九二〇年。
[6] 同[5]。

黃岑加芎藥，此小誤也」，於是，「去芎藥還黃岑，少減生薑分劑」❼。太炎服此藥後，僅二劑，卽熱作汗出，神氣甚清，使太炎大爲折服，從中深悟醫術藥理之妙，嘆曰：「增損一味，神效至此」，從此治醫經更愼嚴了。九月，太炎「病愈歸餘杭，去故鄉十七年矣，朋輩依然，田疇無改，於是只謁先塋與長兄及族黨歡飮十餘日而返」❽。

在太炎生病期間，「聞湘軍克長沙，喜甚，躍起」❾，不久，湖南在全國率先提出「自治」，太炎立卽致電湘軍總司令譚延闓，稱湘軍爲湖南雪恥，並鼓動湖南自治。十月上旬，太炎病稍愈，卽應譚延闓邀請赴長沙，爲湖南省「自治」打氣，並開始倡導他的「聯省自治」的主張。從「湘軍克長沙」——「湖南率先提出自治」——到太炎的「聯省自治」主張問世，在太炎後半生中有著特殊地位，特別在太炎經歷了一系列失敗而束手無策時，湖南的省治，給他帶來了一線「光明」，他忽然感到找到了解決中國政治問題的一帖「妙藥」：卽以「省治——聯省自治——統一國家」，他設想先由各省民衆選出代表，再由代表選出縣長，然後由縣長選出省長，制訂出省憲，實行軍政分掌，督軍由營長以上軍官選擧，由各省派員

---

❼同❺。
❽章太炎《自定年譜》。
❾同❽。

監察中央政務，再組成聯省會議，最後實行國家統一，從而建立起眞正民主政權。太炎企圖用這個辦法來虛架南北軍閥政府，達到削弱以至取消中央集權的政治目的。太炎這個政治主張，在一定程度上反映了人民的願望，也受到當時不少人的支持，這從孫中山、胡適到青年毛澤東的擁護，但也迎合了既不願屈從北洋軍閥又不想依附西南軍閥的地方勢力希圖自保的需要。一時成爲時髦的政治趨勢，四川、貴州、浙江、雲南、廣東、陝西、湖北、江西、福建、廣西等省，紛紛宣布實行省治，開始制訂「省憲」。太炎在湘期間，適逢中西學者匯聚長沙大演講，出席者有羅素、杜威夫婦、蔡元培、張繼、吳稚暉、李石岑、張東蓀等，每人講演數題，是一次中西學的大交流，太炎也參加了這場大演講，先後作〈船山攘夷底眞面目〉、〈史學功用〉、〈教育目的重要在廉恥〉，以及在長沙第一師範所講的〈研究國學的途徑〉。在這場大演講中，擔任記錄員之一的就有毛澤東——這個將大大改變中國歷史行程的人，這是太炎不可預料的。

十一月中旬，太炎由湘返滬。

從一九二〇年至一九二五年，這四、五年間，「聯省自治」作爲一種政治思潮與主張，曾鼓噪一時，而太炎就是這個主張的代表人物，他視這主張爲挽救中國政治的靈丹妙藥，而竭力奔走，穿梭於軍閥之間，斡旋於政客之中，發表了許多論說，如〈聯省自治虛置政府議〉（一九二〇年十一月九日，北京《益世報》）、〈與各省區自治聯合會電〉（一九二一年一月六日《申報》）、〈大改革議〉（一九二二年六月二十五日《申報》）、〈關於國民應付時局意見〉（一九二三年六月二十三日《申報》）、〈改革意見書〉（一九二四年十一月一日及十一月十五日《申報》）等，至於通電、宣言、信函多達百餘篇，令人眼花瞭亂，煞是熱鬧。這一段歷史，是太炎一生中最繁複的經歷，也是最難評價的一段經歷，因爲北洋政府統治的軍閥割據時代，本身是爭議最大的歷史時期。

自袁世凱去世後，中國政壇上經歷了七八年的軍閥混戰，這是由於不徹底的革命滋長了軍閥，軍閥又滋長了不徹底的革命，釀成了中國近代史上最昏暗的軍閥割據混戰年代，南北軍閥分成皖、直、奉、桂、滇五大派，相互殘殺，軍閥們在分裂中分裂再分裂，形成中國分裂型軍閥政治，僅北洋政權就更換總統五人，調換內閣總理二十五人之多，「牆頭變換大王旗，忍看朋輩成新鬼」，弄得政見百出，各自爲政，嚴重阻礙了社會的發展，造成大量的難民，難民又成爲軍閥的兵源，這一切又加劇了西方列強對中國的瓜分與控制，給中國的民族與民主帶來了空前深重的災難。太炎的「聯省自治」主張，可以說是分裂型軍閥政治的必然，同時也助長了分裂型軍閥政治的發展。從太炎的本意來說，也許出自善良願望，他希望給予各省人民自治與民主自由的權力，又可以抑制中央政府擁權過大而任意出賣國家主權，但恰恰是這種口號，又成爲了軍閥「聯督割據」和「割據自保」的保護傘。因此，他的口號很快被軍閥們利用，他們將「自治」變爲「官治」，對內獨裁，對外擴張，一俟受挫，又以「自治」自保，並以此來阻撓以後的「北伐革命」，使「聯省自治」成爲「督軍或總司令之『聯』，只是藩鎭或封建式的『治』」⑩。

太炎「聯省自治」政治主張畢竟沒有奏出時代的主旋律，沒有從根本上提出推翻武人官僚宰割政治的辦法，這只是一種高妙的政治幻想。眞正的自治，應該在全中國眞正獨立後，人民普享自由的基礎上，才談得上人民的自治，依靠軍閥的自治，只能是助長軍閥的自保。所以，當時各種官僚、軍閥、政客又紛紛前來擁抱他，把他捧作上賓，爭相羅致，競相利用，儘管他們內心都不歡喜他，因爲他們的劣跡隨時都會遭到太炎無情地揭露與鞭韃，但他們爲了利用他的聲望與主張，都紛紛前來討好他。太炎居住地上海的也是廬，一時成爲政客們雲集之地，太炎也自認爲是在爲國操心，竟樂此不疲。這一切，使先前愛戴他的青年與大眾，大爲失望，而漸漸與他疏遠。然而，這軍閥混戰的年代，對先前中央集權政治是一種背逆，對千百年來的封建法統與綱常倫理也是一種衝擊，它給新思潮新文化新學說新階級新

---

⑩ 邵力子〈論聯省自治〉，載一九二一年四月十四日《民國日報》。

政黨的誕生帶來了契機，而太炎對於這一切新生力量的出現，竟喪失察覺，他的注意力還在「國會」、「約法」與「有力者」的軍閥身上，還是在舊民主主義革命的範圍內尋找出路，變得遲鈍與落伍，自然喪失了先進、先驅、領袖、導師的地位，這是多麼的不幸。但是，歷史就是如此苛刻嚴厲，它毫不留情地將奏不出時代主旋律的樂師趕下舞臺！

就在太炎忙於「聯省自治」前後，在他身邊卻發生了多件卽將改變中國未來的事件，其中至少有二件事與太炎有涉，他竟毫無所覺，白白失去了對這些事的歷史指導作用。第一件是一批信仰社會主義的青年學子在赴歐洲法國勤工儉學前夕在上海舉辦演講會，太炎應邀前往演講。這是一九一九年十二月四日於上海寰球學生會爲向警予等赴法留學生，因他們候船期而舉辦的名人演講會，太炎講了〈求學之道〉。他說：「中國今日之急務維何？卽芟鋤軍閥是也。蓋今日中國，爲從古未有之變局，欲應玆變，非芟鋤軍閥，則雖有優良之社會制度，終托空想。」他又說：「近吾國最好立異者，厥有二人，前有康有爲，今有蔡元培，一則以政治維新號召，一則以社會主義動人。其實滿清政治非不應改革，社會主義亦非不應研究，不過以素無研究及一知半解者，從而提倡之，未免欲以其昏昏使人昭昭，殊可笑耳」⓫。

⓫〈章太炎演講求學之道〉，一九一九年十二月七日《新聞報》。

太炎的演講立即遭到國民黨左派邵力子批評，邵說：這恰恰顯示了太炎本人對社會主義的一知半解⑫。的確，太炎對新學說開始陌生了，他不能像十九世紀初葉反對維新反對保皇那樣領導青年了，他也不能像當時吸引留日學生那樣去交像鄒容這樣的青年朋友了，面對這些以後締造中國共產黨的青年，他再也不能成爲他們的良師益友，也不能從他們身上感受時代的新氣息了，實在是非常可惜的事。而他的盟兄章士釗，對赴歐勤工儉學的學生，集資二萬銀元予以資助，這使毛澤東等終身難以忘懷。二者相比，太炎是落伍了。

另一件發生在太炎身邊的事是，一九二一年七月中國共產黨誕生在他身邊，這重大的歷史事件發生得與太炎如此貼近，而他也如此沒有察覺——甚至在很長歷史時期，對共產黨如此不予理解，這也是世人和太炎本人決非所料的。眾所周知，中共的誕生地在上海興業路七十六號，與太炎住所也是廬僅十分鐘路遙，而且還與太炎有著某種特殊關係，這就是世人所不知的了。中共「一大」會址是借李漢俊哥哥李書城寓所舉行的，這就是今興業路七十六號，但中共「一大」十二名代表中十名代表的住宿地，即借宿於就近的博文女校，而「一大」的第一天聚會，或有人稱作的「開幕式」，及七月二十二日夜舉行的「預備會」，都是在博文女

⑫ 邵力子〈提倡社會主義絕不是好奇〉，一九一九年十二月八日《民國日報・覺悟副刊》。

校進行的，在長達九天的「一大」會議（七月二十二日至三十一日），除去在興業路七十六號舉行了四次正式會議和在嘉興南湖船上舉行的閉幕式，代表們絕大多數時間是在博文女校度過的，他們在博文女校起居、交流、聚會、探討、規劃、選舉、起草、工作、休息，在這裡計劃著整個中國的未來，把星星之火點燃，確定了新民主主義革命的綱領。毛澤東、董必武等代表，七月初就來到上海，住入博文女校，在該校逗留了近一個月。因此博文女校的重要歷史作用，決不亞於興業路「一大」會址和南湖船坊。而博文女校校長竟是太炎唯一的入室女弟子黃紹蘭，黃紹蘭又是太炎高足黃季剛之妻，中共選擇博文女校作為「一大」代表宿舍，又是董必武通過與黃季剛協商決定的，這不僅僅是博文女校離李書城家最近，暑期放假最為安全，而且董必武與黃季剛、黃紹蘭又是同學同鄉，後與黃季剛同在北京大學任教，又一起參加過辛亥革命，關係比較熟悉可靠，因此毛澤東一行即以「北京大學暑期旅行團」名義住入博文女校。然而，更為世人鮮知的是，博文女校的校董即是太炎，該校教務長竟是太炎夫人湯國梨，湯夫人與黃紹蘭有著師弟兼姊妹的關係，連博文女校的校牌均出於太炎之手筆⑬。在中共召開「一大」的前五天，即一九二一年七月十九日，上海《民國日報》上，還

⑬ 詳見拙作〈章太炎・黃紹蘭・博文女校——一件為世所忽略的珍貴建黨史料〉，上海《社會科學》一九九一年第七期。

刊有太炎與張謇、黃炎培等人爲「博文女校招生及黃紹蘭鬻書」的啓事，博文女校的〈學則〉則刊於太炎主編的《華國月刊》，太炎並鄭重地爲〈博文女校學則〉題寫了〈附識〉，對黃紹蘭和博文女校大加推崇，稱「博文女學校校長黃紹蘭，余弟子也，其通明國故，兼善文辭，在今世士大夫中所不多見，勤心校事，久而不倦」⑭。由此可見中共「一大」——博文女校——黃紹蘭——太炎之不同尋常關係。當然，太炎與他的女弟子，更不會想到，這些借宿於博文女校的「北京大學暑假旅行團」一行人，竟會在博文女校創建了中國第一個無產階級政黨——中國共產黨，他們在這所學校所規劃的中國，會如此巨大地改變了整個中國的進程，並改變了太炎以及他後代的命運，甚至將他們作爲該政黨的專政對象，這是他們萬萬沒有預料的。歷史就是這樣善於跟人開玩笑！

一九二二年四月一日至六月，太炎應江蘇省教育會之約，在上海公開講授「國學」，共講十次，每次時間定於星期六下午四時三十分起講，地點在江蘇省教育會。「報名者竟達六百餘人之多，臨時到會者又有一二百人」⑮，因此第二次講課改在尙文門內迎薰路中華職業學校附設職工教育館內，「到者約四百餘人」，一時成爲轟動上海文化界的佳話，吸引了許

---

⑭《華國月刊》，一九二三年九月《創刊號》。

⑮〈顧聽章太炎先生講學者注意〉，載《申報》一九二二年四月四日。

多青年學子前往聽講，連實業界也有一些人與聽，如穆藕初等人。十講內容：第一、二講爲「國學概論」，第三講爲「治國學之法」，第四講爲「國學之派別」，第五講爲「經學之派別」，第六、七講爲「哲學之派別」，第八、九講爲「文學之派別」，第十講爲「國學之進步」。每講二小時，太炎講無倦容，「擷菁采華，用極淺易之說法講授，引初研國學者之入其門徑」⑯。太炎不愧爲國學大師，對於國學，如數家珍，條理清晰，說解精闢，他教青年不是去「信古」，而是去「疑古」，正如受邵力子委託去擔任太炎國學演講記錄員的曹聚仁所說：太炎的演說，「所啓發我的不是他的國學知識，而是他的論史觀點」，「他對唐太宗的批判，鞭韃了所謂『齊家而後國治』的訓條，這番話，對我有著啓發昏蒙的作用，從那以後，我才敢懷疑一切所謂金石良言，尤其是儒家的哲理」⑰。太炎一生，雖出入革命，著書立說，但始終沒有放棄聚眾講學，傳授國學。早年他在日本聚眾講學，受學者達百餘人，如五四前後新舊文化創導者錢玄同、黃季剛、汪東、魯迅、周作人、馬裕藻、沈兼士、朱逖仙、馬敍倫、許壽裳……等，都出自他的門下；辛亥後被袁世凱幽囚北京時期，也一度再開章氏國學講習會，培養了吳承仕、金毓黻……等大學者，當時年輕的學者顧頡剛與毛子水

⑯ 《申報》一九二二年五月六日「本埠新聞」。

⑰ 曹聚仁《我與我的世界》。

等，每晚去共和黨本部聽太炎講國學，顧頡剛說：「我從蒙學到大學，一向是把教師瞧不上眼的，所以上了一二百個教師的課，總沒有一個能夠完全攝住我的心神。到這時聽了太炎的演講，覺得他的話既是淵博，又有系統，又有宗旨和批評，我從來沒有碰見過這樣的教師，我佩服極了」⑱，當時太炎針對袁世凱利用孔教會復古，利用講學狠狠抨擊了孔教會；這一次江蘇教育會組織的講學是他第三次聚眾講學。但是，時代不同了，西學在中國的廣泛傳播，舊學漸漸萎縮，而太炎的學術思想和他的政治思想一樣，開始停滯，與他早年的學術相比，缺乏提供更多可供時代選擇的新東西，因此，缺少了活力與生命力，聽眾也大爲減少，到最後一講僅剩七八十人了。他這次講學也遭到社會抨擊，有人在報上公開抗議，說：「國學只宜於專科教授，不宜於公眾講演」，宣揚「國故」有倒退味道；但也有人撰文反駁，認爲「太炎先生文簡意深，字古詞奧，要想研究，談何容易，這次演講，能把綱領明白告訴我們，眞是和聽者相宜極了」。太炎這次國學演講除了當時《申報》作了詳細報導外，另有張冥飛筆述的《章太炎先生國學講演集》和曹聚仁的《國學概論》，其中曹聚仁筆錄的《國學概論》尤受讀者歡迎，從一九二二年出版了第一版到一九五五年在香港出版了第三十三版，

⑱ 顧頡剛《古史辨序》，第二三頁。

可見太炎這次演講的影響深遠。曹聚仁晚年又將《國學概論》擴寫成《國學十二講》，進一步發揮和闡述太炎的國學思想，對中國整個學術思想史加以評述。曹聚仁去世後，我受曹氏家屬委託，又將《國學十二講》校訂一遍，增補了他被印刷時刪節的文字，整理成《中國學術思想史隨筆》一著，使太炎這次學術演講有了一個最美好的結局⑲。

一九二二年仲夏，太炎又一次遷居，這是他辛亥革命後建立家庭之後的第三次喬遷。當時報載：「章氏本寄寓滬上，現因此間過於煩囂，頗思去而之他，聞現已託其友人蘇州購置相當房屋」⑳。這報導實在有點是是非非，是者，太炎那時確有遷居之意，因也是廬有不少人家合居，不很安靜；非者，太炎並沒有卜居蘇州，而仍然居住於滬上，只是遷居到當時的敏體尼蔭路方浜西路口的裕福里二號，卽南洋橋唐家灣菜場附近，今西藏中路西門路八十三弄。這是一條中西式結合的里弄，共有四十餘幢三層樓房，每幢有一個小天井，每幢房並不太大，但較之也是廬卻是獨門獨戶，較爲清靜，當年南洋橋是著名的屠牛場，周圍比較空曠，較之也是廬對面的新城堭廟，不知清靜了多少，故太炎一家遷至了裕福里。同年八月，

⑲ 詳見拙編《中國學術思想史隨筆·校訂說明》，以及拙作〈曹聚仁與《中國學術思想史隨筆》〉，載《史林》一九八六年第二期，第一三六—一四〇頁。

⑳ 〈章太炎將卜居蘇州〉，一九二二年五月二十日「本埠新聞」。

黎元洪總統爲表彰太炎多年爲共和之奔波，晉授勳一位，「派專員到上海授勳，在授勳時，要舉行一種儀式，由受勳者備軍樂隊，吹打歡迎授勳大員，由大員代表政府授以勳章和證書。當時太炎曾吩咐家人去雇了一個軍樂隊，鄭重其事地接受了勳一位的勳章和證書」㉑。太炎雖不承認北洋政府，但他沒有拒絕黎元洪頒發的勳位。這授勳儀式就是在裕福里二號舉行的。當時北洋軍閥曹錕爲當選大總統，到處收買議員，攏絡名流，派了一個親信專程來上海，「求見太炎，登樓後，太炎延請他坐於書桌右首，太炎居中而坐。寒暄之後，那人婉轉曲折地說了起來，太炎聽著聽著忽然大怒，『咄』的一聲，霍然立起身來，說：『原來你是來爲曹錕遊說的！』說罷揮拳就向那人擊去，接著大呼家人『拿手杖來！』那人一看勢頭不對，轉身就跑，太炎拿了手杖就追。當時家人壽榮聞聲趕到，見有一人正在逃竄，以爲來了歹徒，就緊追不捨，那人更是慌張，逃到樓梯彎頭，一手誤觸電燈開關，立刻燈火通明，那人因之更加驚惶，逃到最後幾級樓梯時，竟滾了下去。這時其他家人聽到樓上人聲異乎尋常，不知發生了什麼事故，遂先將大門緊閉。至壽榮追到樓下，那人已面無人色，乃再上樓查明太炎無恙，始囑開門將『說客』放走」㉒。痛打曹錕說客事件也發生「在上海南洋橋裕

㉑ 胡覺民〈湯國梨談章太炎〉，載上海文史資料《辛亥革命七十周年專輯》，第五五頁。

㉒ 胡覺民〈湯國梨談章太炎〉（續）。載《上海文史資料選輯》一九八二年第三輯，第七七－七八頁。

福里，太炎住房在二樓」㉓。

孫中山自第一次護法失敗後，回到上海，儘管痛苦與失望，但沒有停止奮鬥，他一面總結失敗教訓，一面將中華革命黨改造爲中國國民黨，但他把希望還是放在重建國會上。一九二〇年十月，陳炯明趕走桂軍，他爲了壯大自己的勢力，請孫中山再次回廣州。於是孫中山重返廣州組織第二次護法運動。一九二一年四月七日，廣州國會重開。五月五日，孫中山就任非常大總統。這時，孫中山特地致書太炎，懇切說：「粵局略定，西南聯絡，尚待進行，民生憔悴，如何蘇息，千端未竟，豈一手一足之烈所能爲計，急願賢哲南來，匡我未逮」。可是，這次太炎卻沒有響應孫中山的懇召，因爲太炎正忙於實行他的「聯省自治」政治主張，在政治上與孫中山已「異趣」，故只是給孫中山寫了封信，「以聯省自治不可反對爲獻」㉔，沒有去共同戰鬥，而是各自爲戰。從這時起，太炎與孫中山在政治上開始分道，雖然他兩個人關係與感情依舊，太炎也還常常給孫中山出些主意，但意見卻時時相左，對南方政府中魚龍混雜狀況，太炎也時有批評之詞，與國民黨關係也由此疏遠，「道不同不相謀也」。但是，太炎對孫中山從事的事業總得來說，是支持多於反對，尊重多於批評。一九二

㉓ 同㉒。

㉔ 章太炎《自定年譜》。

二年五月，孫中山就任非常大總統一周年之際，也是孫中山事業的關鍵時刻，太炎特撰〈孫大總統被選就職一周年祝辭〉稱「廣州政府，巋然以南方斗極焉 。……大總統將於旬日之內，誓師北征，……惟願廓清江流，蕩無孑遺，以成眞正共和」㉕，表達了對孫中山護法事業的良好祝願，及對北伐的殷切期望。

正當孫中山準備北伐之際，北洋軍閥又將黎元洪抬了出來，「恢復」他總統之位，又宣布「恢復」法統，企圖使孫中山護法軍政府「北伐」師出無名，達到破壞第二次護法的目的。這時，蔡元培率北京八所院校，電阻孫中山率師北伐。太炎對此深表不滿，即公電蔡元培，責備他說：「閱公勸中山總統停止北伐一電，不勝駭然。……此次北伐，乃南方自爭生存。……公以南人，乃欲爲北軍遊說，是何肺腸」㉖，後又專電向蔡元培陳述了孫中山北伐大義。太炎與蔡元培原是同鄉同志摯友，但爲了民族利益，在原則問題上，太炎往往甘願冒犯朋友。太炎一生就是如此，因而得罪過許許多多人，包括最親密的朋友，這對他乃至他生後帶來了許多不幸。講眞話是可愛的，但眞話往往需要付出沉重代價。但是，當一九二三年

㉕《民國日報》一九二二年五月五日「慶祝孫大總統就職一周年專欄」。

㉖〈章太炎致蔡元培電〉，載《申報》一九二二年六月七日。及〈章太炎張繼致蔡元培電〉，載《民國日報》一九二二年六月七日。

初，蔡元培遭到北廷教育總長彭允彝壓迫，欲迫他辭去北京大學校長時，北廷致書太炎，準備請太炎出任「北大」校長，以取代蔡元培，並希望太炎發表遣斥蔡元培的意見時，太炎則嚴詞拒絕，說絕不幹「落井投石」對不起朋友的事。

第二次「護法」在陳炯明的背叛和北洋軍閥的破壞下，又一次失敗了，但孫中山並不氣餒，一九二三年開始了第三次「護法」。一九二三年二月，再度赴廣州任大元帥，四月，太炎助孫中山促進了西南各省聯合抗北，發表了著名的〈孫文唐繼堯之寒日通電〉，聲明「自今以後，我西南各省決以推誠相見，共議圖存」，爲孫中山建立南方政權贏得了時間，這電文是孫中山與西南各省公推太炎起草，經孫中山認可後在上海發布的。同時，孫中山開始改組國民黨，「歡迎俄國人對中國人的幫助，歡迎中國共產黨同他合作」㉗，開始建立自己的軍隊，辦起了黃埔軍校，一九二四年一月，在廣州召開了國民黨第一次代表大會，提出了「聯俄、聯共、扶助農工」的三大政策，批評了立憲派、聯省自治派、和平會議派、商人政府派，從而成爲中國先進力量的政治中心，鞏固與發展了廣東革命根據地，促進了南方各省革命的高漲，國民革命思想開始向全國廣泛傳播，「那時候，到處熱氣騰騰，形成了一股浩

㉗毛澤東《論人民民主專政》。

浩蕩蕩向帝國主義和軍閥勢力猛烈衝擊的革命洪流」㉘。孫中山終於適應了歷史的轉折，從舊民主主義革命步入了新民主主義革命行列了，跟上了時代的步伐。

跟孫中山的飛躍相比，太炎思想則依然停留在舊民主主義革命的階段，他對孫中山的護法與北伐，尚可理解，亦予支持，但對孫中山的新三民主義和國共合作，則不能理解了，他從狹隘的民族主義出發，對新思潮新事物顯得格格不入，竟提出「反對借俄人勢力來壓迫中華民族的共產黨」。於是，一羣反對國民黨改組和反對國共合作的國民黨右派，一齊聚集到上海南陽橋裕福里二號——太炎的寓所，醞釀抗衡大計，他們公推太炎領銜發表了〈護黨救國公函〉，以後又推太炎領頭，組成「辛亥同志俱樂部」，來對抗新潮流。一天也沒有參加過國民黨的太炎，竟被他們挾了去「護黨」，卻成爲國民黨之敵。這期間是太炎自第一次護法失敗到國民革命起，又一次活躍於政壇，當時上海的報刊，時時可以見到他的言論，看到他的活動，他的住處也是門庭若市，他儼然混世救主，甚至公布〈專心國事之通啓〉，聲明「凡以學校事狀相商，專家著述相示者，請暫停止」㉙，因爲他要「專心國事」，眞是認

㉘ 鄧穎超〈紀念中國國民黨第一次全國代表大會六十周年暨孫中山研究會成立學術研討會開幕式上講話〉。一九八四年一月十六日。

㉙ 《申報》一九二三年七月十六日「本埠新聞」：〈章太炎專心國事之通啓〉。

眞得可愛！他自以爲是在爲國操心，爲民辛勤拉車，然而正如魯迅所說：「拉還是在拉，然而是拉車屁股向後」。一九二四年十一月，北廷召開「善後會議」，太炎拒絕參加，而孫中山扶病北上，參加「善後會議」，途經上海，太炎特去「入謁爲別」，這是他們倆人最後一次的會面。一九二五年三月十二日，孫中山逝世於北京，太炎在上海爲孫中山主持了追悼活動，任追悼會籌備處主任，並撰〈祭孫公文〉，親與祭典。這倆個爲了中國獨立、進步、繁榮、民主、自由的戰士，共同奮鬥了二十餘年，同謀匡濟，彼此襟懷坦白，縱有不同意見，而能竭誠相待，私誼始終親如手足，他們的胸懷與追求，他們的友情與苦樂，他們的交往，無疑是近代革命史上最美好的篇章。

從一九二〇年太炎以「聯省自治」爲政治訴求，到一九二七年北伐軍攻占上海，「聯省自治」政治主張宣告破產，這六七年間，太炎的活動基本上都是以上海爲中心的，僅離開上海十餘次，每次時間也不長，有史料可查的有以下數次——

一九二〇年十月中旬至十一月中旬，應譚延闓邀請去長沙，支持湖南首倡「自治」。

一九二二年十二月十五日赴杭州，「因其母冥壽」，並應浙江省教育會邀請，前去作〈浙江之文學〉演講，約逗留一周而返。

一九二三年五月二日至八日赴杭州，於省第一中學講學兩日，又參加杭州學生聯合會舉行的紀念「五四」大會，並發表演講。

一九二四年七月七日至八月十二日赴南京，參加江蘇省第一女子師範學校暑期學校開學典禮，作〈現代人治文學弊病〉演講，又參加了中國科學社第九次年會。

一九二五年四月二十日至二十七日偕湯夫人赴杭州，紀念母親冥壽，又爲陝西督軍陳樹藩「故母開呆」點主。

一九二五年九月十八日至十月二十七日赴長沙，應湖南省趙恒惕邀請，主持湘省縣長考試。

一九二五年十一月中旬赴蘇州，應李根源邀請於姑蘇相聚，至十一月十五日返滬。

一九二六年二月中旬赴南京，偕徐紹楨而行，二月二十六日返滬。

一九二六年四月下旬赴杭州，爲母舉行冥壽紀念，四月二十六日返滬。

一九二六年八月八日應五省聯軍總司令孫傳芳和江蘇省省長陳陶遺邀請，赴南京主持修訂孔制大會開幕，第二天就返滬。

這個時期太炎擔任過的主要社會工作有——

一九二〇年起任博文女校校董；

一九二三年八月起，任上海大學特別講座及校董；

一九二四年六月起，任上海羣治大學中文系主任及校董；

一九二五年九月起，任上海國民大學校長；

一九二六年六月起，任上海法科大學校長（另一位校長是董康）；

一九二六年八月，任南京修訂禮制會會長。

但是，到了一九二七年北伐軍攻占上海前後，尤其「四、一二」事變後，報上再也見不到太炎的名字，也看不到他的文章、通電、宣言和活動，從此消失在政治舞臺，他所兼任的種種社會職務，也一律撤消了，取而代之的是國民黨的新貴。

這個時期太炎的個人生活，幾乎沒有什麼可以記載之處，作爲他本人，實在沒有什麼嗜好，僅好抽煙，倒是煙不離手，吸幾口就掐滅，然後又燃一支，依然如此，與其說嗜煙，不如說是癖習。至於他個人生活，近幾低能，傳說他不識歸家路、也不識錢、不知物品價格，這不純是無稽之談（本文不作深入討論）。太炎的一生全部精力是在致力救國，歷史的使命感，使他放棄了常人所有的情趣，所以誠如他自己所述：「天生我輩，使爲終身無伸眉喜笑之人」㉚，這意味他個人生活的許許多多的犧牲而變得太貧乏了，尤其這在災難深重的時

㉚ 章太炎〈致章士釗書〉，一九二七年一月五日，載《甲寅》第一卷第四十號。

代，缺乏陽光和嬉笑，作爲一個立志獻身祖國造福人民的太炎，實在沒有什麼個人生活可言。這幾年中僅有兩件事可一記。一是一九二四年九月二日（農曆八月初四），太炎的第二個兒子出生，取名章奇，據說孩子出世後，不哭不鬧，睜大了眼睛，東張西望，太炎大呼「奇呀！奇呀！」故取名章奇。二是一九二四年春，太炎爲盟兄鄒容重修陵墓，當年因「蘇報案」死於西牢的鄒容遺體，由劉三收屍後暫葬於上海郊外華涇鎮，近二十年後，墓園荒蕪，於是太炎與章士釗、于右任、李根源、劉三等發起集資重修鄒容墓，太炎親自重撰墓表與墓志，又親書墓碑，由于右任書墓表，李根源書墓志，終於使鄒容墓修葺一新，完成了太炎心頭一件私事。一九八一年上海市人民政府重修鄒容墓，卽是根據一九二四年太炎修復時面貌重修的。

在這個時期，儘管社會動盪戰火連年政治多變，但太炎卻保持了幾個不變，卽反對北廷反對帝孽反對帝國主義，始終不渝。對於北洋軍閥所控制的北京政府，太炎反對始終，無論曹錕的拉攏，還是段祺瑞以「高等顧問」相邀，吳佩孚以「總參贊」相許，他始終沒有動搖，不予合作。對於清廷「皇室」，太炎始終保持警惕，防止他們復辟，當一九二四年馮玉祥占領北京，決定將溥儀等趕出皇宮，太炎馬上致電馮玉祥表示支持，他強烈反對放溥儀出洋，反對優待皇室，防止他們東山再起，事實證明太炎的警惕並不是多餘。對於帝國主義的反對，太炎更是始終如一。一九二五年五月，他發表了〈爲華界販賣烟土之宣言〉，鴉片是帝國主義侵華結果，他指出「當今軍界政界，與鴉片既有不可解之緣，誠欲禁絕，上之行法，當始尊貴，下之檢貨，宜在人民。……宜仿抵制日貨辦法，由工商人等自行緝獲，當眾燒毀」㉛。同年五月，「五卅慘案」在上海爆發，這「是中國有歷史以來一次反對帝國主義的最大運動，也是中國職工運動自有歷史以來一個最高漲的時期」㉜，太炎堅決站在人民一邊，在慘案發生的第二天，即與褚輔成、周震麟、曾彥、張冲等人，發出〈爲上海英租界巡捕慘殺學生之通電〉，強烈譴責帝國主義暴行，而且提出「迅速收回租界市政」，「使水深火熱之民早登衽席」，這通電在國內外引起強烈的反響。繼「五卅慘案」，六月十一日，漢口又發生了英帝國主義屠殺我同胞慘案，太炎立即率三十多個社會名流，發出〈爲漢口英租界慘案喚醒全國軍人電〉，公然指出，慘案頻發，是由於「頻年軍界內爭，置外患於不顧，故英人得伺隙而起」，將矛頭直指國內軍閥混戰，揭示了帝國主義趁機肆虐的禍根，顯示了太炎始終愛國愛民的赤心。六月二十六日，上海美專學生會舉辦「救濟五卅書畫展覽會」，將募得之款支持五卅運動犧牲者的家屬和支援正在罷工鬥爭的工人，太炎也用自己的書法作品參

㉛〈章太炎之宣言〉，載《申報》一九二五年五月二十二日。

㉜劉少奇〈一年來中國職工運動的發展〉，一九二六年五月《中國第三次全國勞動大會會刊》。

加義賣展覽，以支援五卅運動。七月一日，上海大學生組團到各地宣傳五卅慘案經過，出發前，學生代表訪問太炎，請他發表意見，太炎說：「五卅慘劇，舉國悲憤，民氣激昂，實行經濟絕交，一致對外，足見吾民族精神未死。……惟至使吾人悲嘆者，國內軍閥勇於內爭，怯於公戰，所發言論未嘗不冠冕堂皇，查其所行，適背道而馳，故軍閥已不可恃，所可恃者，惟吾民眾耳」㉝。這時期，太炎雖已有些落伍，再也不是時代的主角，但他敢說敢罵和無所畏懼的氣慨，對帝國主義和官僚軍閥疾惡如仇的錚骨，對祖國對人民虔誠的愛，還是給了五卅慘案受害者和廣大罷工罷市罷課的人們以極大的支持，他不愧爲偉大的愛國主義者。

在中國近代史上，太炎的反帝精神，可以說比任何一個舊民主主義革命者都要強烈與徹底，這種強烈的反帝意識，卽淵自他的民族主義文化背景，同時也源自他親身經歷的感受，他親身品嘗過帝國主義鐵牢的「風味」，體味過日本拘留所的「滋味」，深知帝國主義「人道」、「人權」、「人慈」是什麼東西，一百年來帝國主義如何禍害中國，他記憶猶新，沙俄對華的野心，日本亡華之企圖，乃至日本一批浪人與政客如何在打著「支持中國革命」帷幕後進行的種種陰謀，令他耿耿於懷，所以他對帝國主義絕少幻想和依附，甚至對任何外來

㉝詳見拙作〈章太炎與五卅運動〉，載《上海文史資料選輯》第四十九輯。

勢力對中國的干涉都予以反對。他對孫中山「聯俄聯共」政策的反對，半自對外國勢力對中國事務參與的自然反感，從而變爲一種極端的情緒。一九二五年他不願與孫中山一起北上參加「善後會議」，其中原因之一是「盧永祥、吳光新等部，糾合奉軍，中多俄匪，藉外寇蹂躪中國，律以外患，百喙難辭」㉞。這樣的政局，他不能苟同，也不能出席他們的會議。當馮玉祥兵變後，請蘇聯派員來訓練他的軍隊，太炎聞訊，大怒不止，立卽公電譴責，要馮玉祥「從速取消（與俄密約），其赤俄所派軍人黨人前來參預軍事宣傳主義者，立卽驅遣」㉟。太炎甚至認爲「汪（精衛）蔣（介石）奉鮑羅廷以爲主，馮玉祥與俄通款，……形式與吳三桂小異，其爲招致外患則同」㊱。他極力反對聯俄，認爲「十餘年來之戰爭，尚係內部之爭，今茲之事，則已摻入外力，偶一不愼，卽足斷送國家主權，此與歷次戰爭絕對不同」㊲！他的憂慮與警惕，並非沒有根據，所以他的反共，半緣自中共與蘇俄的關係，出於他對蘇聯無產階級的政權的無知，出於他不喜歡用西方的經驗來改造中國的本性，不管是英國的美國的日本的還是俄國的，他強調中國的國情與國性，不當削足適履，他的偏見令他固執，

㉞〈章太炎反對善後會議〉，載《申報》一九二五年一月二十八日。
㉟〈章太炎復張之江等電〉，載《申報》一九二六年二月十九日。
㊱〈章太炎復嵇翥青書〉，載《申報》一九二五年十二月二十八日。
㊲〈章太炎與梁士詒之時局觀〉，載《申報》一九二六年一月三十一日。

他的固執加深了他偏見，他不相信國際共產和蘇俄會對中國有多大的仁慈，的確，在這之前也沒有過這樣先例。因此，他常常在倒掉髒水時，連同盆中嬰兒也一起倒掉了。一九二五年十月三十一日，他在國民大學對師生們演講時，公然說：「我們現在所要反對的，就是要反對共產黨。共產黨是否適合我們的國情，還是其次，現在的共產黨，並非共產黨，我們可以直接稱他「俄黨」，——借著俄人的勢力，壓迫我們民族，這是一件很可恥的事，我們應當反對借俄人勢力壓迫中華民族的共產黨」㊳，他進而強調說：「凡是借外人勢力來壓迫中華民族的，我們應當反對他，這便是我們的責任！」㊴蒼老的太炎，猶同垂老的雄獅，他還要保衛自己的獅羣與家園，但他已老得分不清狼與羊，就像分不清資本主義列強與無產階級蘇聯。

一九二五年，國民黨召開了第二次代表大會，確立了繼續聯俄容共，準備北伐的方針，並開除了國民黨右派鄒魯、居正等，警告了張繼、邵元冲等，這些人大都與太炎關係親密。國民黨在蘇俄幫助下，在國際共產指導下，在中共通力合作下，開始北伐，展開國民革命，一路受到各地工農積極支持，國民革命節節勝利，這令太炎感到愈來愈不安與恐懼。一九二

㊳ 章太炎〈我們最後的責任〉，載《醒獅周報》第五十八號，一九二五年十一月十四日出版。

㊴ 同㊳。

六年四月，上海成立「反赤救國大聯合」，旨在「保持國家獨立，凡一切侵略、一切誘惑、一切強權均須排除」，實質是反對國共合作與北伐，太炎被公推爲該組織三位理事之一；旋不久，「國民外交協會」成立，太炎任名譽會長，他在成立會上說：「中國向來以模仿爲我之思想，此實爲中國國民之病根」，說穿了，他反對中國走俄國革命道路。同年七月，蔣介石取得了國民革命的黨權、政權、軍權，出任北伐軍總司令，他利用蘇聯的支持和共產黨及工農力量的合作，實行北伐，這使太炎更加懷恨。太炎對蔣介石的爲人太了解了，他從來不信任這個人，加上「涉殺」陶成章的舊仇，「投靠」蘇俄的新怨，使太炎忿而譴責，發表〈通電〉，稱「粵東自蔣中正得權，尊事赤俄，奉鮑羅廷爲統監，……內摧粵軍，外擾湘境，……」㊵太炎的譴責絲毫沒能阻止住北伐的勝利。九月，馮玉祥從蘇聯回國，在五原誓師，全軍加入國民黨，使北伐聲勢更加壯大。而孫傳芳之流軍閥，在行將就木之前，更加瘋狂鎮壓異己，甚至密令逮捕蔡元培、董康、褚輔成、沈鈞儒等民主人士，這使太炎深深感到白色恐怖與紅色恐怖都壓了過來，使直言無忌的他，也感到偶語棄市之恐怖。他又一次感到無可奈何了，感到眞正的失望了，不僅他倡導的「聯省自治」徹底流產了，連他創建的中

㊵章太炎〈通電〉，載《申報》一九二六年八月十五日「本埠新聞」。

華民國和五色旗也要消亡了，他從維新變法——辛亥革命——二次革命——護法革命——聯省自治，拼搏了大半輩子，卻什麼也沒有成功，他眞正洩氣了，比「護法」失敗還要沮喪。一個人最大之悲哀莫過於看到自己爲之奮鬥終身的事業夭折，從此，太炎則眞正退處緘默，頹然退出了政治舞臺。太炎實在是一個書生，一個充滿憂國憂民情懷的文人，實在不是一個政治家，沒有一個政客會像他那樣耿、眞、直、善，任何政權不會有他一席之地，尤其在舊中國。

從一九二〇年至一九二七年，太炎的學術仍處於一個低谷，由於政治上的挫折，思想上的頹唐，造成他學術上的僵化。誠如姜義華在《章太炎思想研究》一著中所言：「先前將近四分之一世紀歲月中，章太炎之所以成爲思想史與學術史上自成流派的一位巨匠、大師，在眾多領域內起總結既往和開拓方來的轉捩作用，一個十分重要的原因，就是因爲他自覺地把思想鬥爭與學術活動同他所爲之獻身的政治改革、政治革命緊緊結合在一起，無論是新學理的追尋，還是舊思想的檢討，無論是西方學術的介紹，還是傳統文化的清理，都同他政治上的成長與變遷息息相關。他正因爲如此，在政治上停滯、落伍之後，他的思想便逐漸僵化，學術上也逐漸失去光澤，甚至於逐漸退化，在現代中國思想史與學術上也就失去先前那種突出的地位。」

一九二三年六月，南京高等師範柳詒徵撰文批評當今學人「非儒謗古」，說這大抵是受了太炎當年反孔的影響，從而指責太炎《諸子學略說》等文，「偏於主觀，逞其臆見，削足適履，往往創爲莫須有之談」，將孔子說成一個其學出於老子而又存心奪老子之名的人物，純係「以無稽之談誣之也」。太炎對柳文不僅沒有表示異議，反而寫信給柳詒徵，自認早年反孔之作「乃十數年前狂妄逆詐之論，……中年以後，古文經典篤信如故，至詆孔則絕口不談」，竟然對當年反封建舊文化的光榮戰鬥經歷表示後悔，立場顯然從前後退，政治上的後退，也導至學術上的退步，竟站到舊文化一邊去了。當然，太炎早年因革命事業的需要，在學術文章中側入一些爲政治服務的內容，本亦難免，連古人王陽明也懂得，「古不爲今用就不需要一切的古」，但太炎晚年則將早年許多革命的文字，視作「意氣」之詞，紛紛自刪，這正如魯迅所指出的，太炎正逐步從先前「有學問的革命家」而走向「寧靜的學者」，由「所向披靡」的鬥士，逐變爲「身衣學術的華衮粹然成爲儒宗」了。

一九二四年九月，太炎在上海創辦了《華國月刊》，地址設在麥根路福星里五十二號。太炎創辦《華國月刊》目的是挽救舊學，「甄明學術，發揚國光」。他在發刊詞中說：「睹異說之昌披，懼斯文之將隊，嘗欲有所補救」，他所說的「異說」，即是指「稗販泰西，忘其所自，得礦璞以爲玉寶，而顧自賤其家珍，或有心知其非，不惜曲學以阿世好」。說穿了，太炎所謂的「異說」，即是指當時盛行的西學。在近世，太炎是最堅守民族主義，奉信歷史主義，最尊重文化傳統的人，他一生提倡「國粹」，旨在要人愛惜漢種的歷史，他認爲國粹維繫國性，國性亡，國也亡。早年他反傳統是爲了衝破封建「羅網」，讓人們從封建桎梏中解放出來，來接受民主革命，而五四運動的反傳統，在他看來似乎走得太遠，造成「西化論大興詬，而固有文化卻成爲眾矢之的，並欲棄之而後快，使太炎感到國未亡而學先亡之感，遂大聲疾呼維護固有文化，甚至對以前批評孔子感到遺憾」[41]。的確，五四運動後，不少人認爲「一切舊籍爲不足觀」，他們說起傳統就貶爲「小腳」與「鴉片」，感到可恥，斥爲最落後的東西，把本國傳統一概視爲國家進步的障礙，於是有人提出「要把一切古書都扔到糞坑中去」。有些新文化運動倡導者甚至認爲，西方文明是人類的共同文明，「德先生」和「賽先生」是無國籍的，文化的發展和物質文明發展一樣，具有客觀性和普及性，沒有中西之別，只有古今新舊之異，就如一盞燈，既可照西方，亦可照東方，因此，當時有一部份人主張以西方文明來取代中國的東方文明。而太炎認爲「西方文化創造了燦爛的近代文化，然近代文明乃具西方文化的特性。由於中國文化的特性，中國的近代文明不可能與源自西方

[41] 汪榮祖《章（太炎）康（有爲）合論》。

的近代文明完全相同。如果強行模仿或直接採用西方的近代文明，不顧本國文化的特性，必不能相宜。西化派要把西方文明像一套傢具一樣，完全搬到中國，在章氏看來，不僅荒謬，而且危險」㊷。所以《華國月刊》的創辦，可以說是太炎爲了保存「國粹」這塊陣地而創辦的。《華國月刊》一共出版了二十八期，撰稿人除太炎外，還有汪東、劉師培、黃季剛、太虛、吳梅村、唐大圓、但燾、金天羽、吳承仕、陳三立等等學者。《華國月刊》辦至一九二六年八月，即隨了北伐軍臨近上海，太炎緘然退出政治舞臺，而一起告終。《華國月刊》儘管有對抗西學之意，但並沒有在刊物中挑起筆戰，只是該刊以昌明「國學」爲主，即當時被稱之爲的「舊學」，太炎則稱之爲「國故學」，因此該刊不失爲二十年代上海一本頗有國故學價值的學術刊物，保存了不少史料與學術論著，其中僅太炎發表的論著就有五十多篇。

這期間，太炎學術論文雖不少，但大部著作卻不多，正如太炎自謂「年來著述頗稀，唯《三體石經考》、《清建國別記》，自覺精當，各不過萬餘言」㊸。

《三體石經考》，該文源自一九二一年李根源在長安舊書店中購得古本《君奭》古文篆

㊷ 同㊶。

㊸ 章太炎〈與弟子吳親齊論滿洲舊事書四〉，載《華國月刊》第二期第二冊。

隸一百二十餘字拓片，轉贈太炎；後于右任又以石經六紙拓本，贈送太炎；到一九二二年十二月，洛陽出土了三體石經殘碑，殘部正是李根源贈太炎的《君奭》拓片，以及恰是于右任所贈《春秋・僖・文》拓片，太炎以爲石經「經文專取先秦故書，《說文》所未錄，《經典釋文》所闕者，於是乎可考」。新出土的三體石經的發現，對太炎的學術生涯來講是一件不可等閒視之的大事，他作爲一個嚴肅的古文經學家，從來不輕易信「考古」的發現，尤其是甲骨文，因爲當時確有一些奸商專製假甲骨文假古董營生謀利，而新出三體石經殘片，對歷代經古文之爭，提供了新的考據，使他不得不對六經重新加以研究。新出三體石經使他異常興奮，稱之「斯乃東序秘寶，天球河圖之亞，七八百年所不睹，而於末世獲之，誠非吾儕始所願所及也」[44]。因此，自三體石經出土，太炎許多學術著作都是環繞此題而展開的，包括他以後撰寫的《太史公古文尚書說》及《古文尚書拾遺》，都與新出土的三體石經有關。由於新出土的石經中有一部份古文《尚書》，一部份《春秋》，這使他對《尚書》研究有了新的依據，而過去他認爲《尚書》「最殘缺難理」，前人說解，大多又皮傅，強行疏釋，於是太炎依據新資料，對《尚書》中許多眾說紛紜存疑之詞與莫衷一是的詞語，提出了自己的訓

---

[44] 章太炎〈新出三體石經考〉，載《華國月刊》一卷一期。

釋，晚年在這基礎上完成了《古文尚書拾遺定本》一著，並系統地講解了《古文尚書》，成爲他晚年下功夫最多的一部學術著作。他對自己在《尚書》上所下的功夫和取得的成果，曾非常自負地說：「《尚書》自馬、鄭至孫淵如，講通者不過十之四五；高郵王氏精於訓詁，且不拘今古文，自出心裁，講通者又有十分之一；仲容可取者只有三十條；曲園先生《羣經評議》中亦有可取者；連余所得一百七八十條，又搞通二成，共得八成，其餘二成，本人亦不通，有待來者」[45]，如三體石經一類，「若能繼續出土，繼續研究，或有全部講通之一日」[46]。由此可見太炎治學之嚴謹，嚴得近乎保守，他不輕信出土文物，但一旦出土文物是眞實的，他又如饑如渴地加以研究，可以拋棄舊說，修正己見，這才是一個學者應有的學風。太炎一面研究新出土的三體石經，一面委託張伯英、王宏先挖掘新的殘片，稱「非徒以爲美觀，實於經學有無窮之益，所謂一字千金者，並非虛語」，可見太炎鑽研之勤。總的來說，太炎認爲新出三體石經，「摹本者，卽逐寫壁經也；眞書者，卽以己意訓讀之本也；釋文者，卽己所傳注也」[47]，更堅定了他「壁經」是眞經的古文經學觀點。

[45] 任啓聖〈章太炎先生晚年在蘇州講學始末〉，載全國《文史資料選輯》第九十四輯。
[46] 同[45]。
[47] 章太炎〈與弟子吳承仕論三體石經書〉，載《華國月刊》第二期第四冊。

《清建國別記》，是太炎對清代世系及清建國原始的考訂著作，他參閱了明代官書及編年書二十餘種，比《清實錄》及《開國方略》更爲詳實，對於清代開國以前歷史作了許多補充，又請弟子吳承仕從前內閣的舊案中，抄錄了《熹宗實錄》、《英宗實錄》、《憲宗實錄》等十餘種當時史界很難覓到的清前史料，加以充實，幾移其稿，反覆補充，終於脫稿，前後數年，得以糾正了清官書之悠謬，成爲清史研究者必讀之書。

從一九二〇年至一九二七年，是太炎醫學研究的鼎盛時期，先後完成了醫論六十多篇，《猝病新論》一書即完成於此。《猝病新論》初名《時病新論》，共集太炎當時醫論三十八篇，內容分爲醫理的商討，醫術的研究，病症的論述，古典醫書和古代權衡量的考證等等，舉凡相脈論氣，溫寒暑熱，皆俱有講說，圖擬各方案，又頗能參酌科學的眼光，兼融中西之說，融匯貫通，具有獨到之見。正如張破浪所說：太炎「醫學湛深，人所不知」，曾將「新著《時病新論》示余，余觀之約二百餘頁，議論透徹，發人所未發」，並「囑余抄錄。其時但燾先生在側，促太炎師刊印此書，師以其間尚有未盡善處，擬待修正後，再布示於世」㊽。該著直到太炎去世後，於一九三八年由他們人孫世揚整理後出版，一九五七年人民衛生

㊽張破浪《春雨杏花樓筆記》，一九二三年益智書局出版。

出版社予以重版。太炎一生醫學論著遠不止此三十八篇，我曾以六年之力搜尋梳理，共輯得醫論一百三十餘篇，輯成《章太炎醫學論文集》一册，將由上海人民出版社出版。

這期間太炎主要醫學論著除《猝病新論》外，還有〈傷寒誤認風溫之誤治論〉、〈治溫退熱論〉、〈論臟腑經脈之要諦〉、〈論診脈有詳略之法〉、〈雜病新論〉、〈論肺炎病治法〉、〈黃疸論〉、〈瘧論〉、〈張仲景事狀考〉、〈中土傳染病論〉、〈霍亂論治〉、〈再論霍亂之治〉等等六十多篇，這些論著在二十世紀三十年代，曾有力地影響了中國的醫學界。在中國近代諸多政治人物或學者中，兼通醫學，而且在醫學方面有如此之多力作的，恐也只有太炎一人而已。因此，在二十年代上海一場中西醫大論戰中，以革命元勳和思想家、國學家身份，參與這場大論戰的，可以說太炎是絕無僅有的一位㊾。中西醫之爭，在中國近代已經歷一百三十多年了，它是中國近代政治思想史文化史乃至醫學史上一個組成部份，是中學與西學、舊學與新學、中體與西體，乃至中畫與西畫、中醫與西醫……諸多爭論領域之一，也是兩種體制、兩種文化、兩種思潮在近代化過程中，其絢麗多采爭紛中的一個側面。中醫與西醫，作爲兩種不同體系的學種，本來各有特點和各有所長，發生爭論並不足

㊾ 詳見拙作〈論章太炎先生的醫學〉，載汪榮祖《章太炎研究》第二一九—二四二頁。

奇，可是二、三十年代卻出現了「廢止中醫案」，使學術問題變爲政治問題，最後竟欲廢止中醫，釀成了社會問題。上海則是當時兩派觀點鬥爭的中心。太炎對於中西醫之爭持有鮮明立場，他一貫認爲中醫不應當廢除，他說中醫有著它悠久的歷史和豐富的經驗，可中醫也不是玄醫神術，也有不足之處，「誠有缺陷，遽以爲可廢，則非也」[50]。他在論證中西醫關係時說：「謂中醫爲哲學醫，又以五行爲可行，前者近於辭遁，後者直令人笑耳」[51]「臟腑血脈之形，昔人粗嘗解剖而不能得其實，此當以西醫爲審」，西醫理論周密，方法先進，「臟腑錮病，則西醫愈於中醫，以其察識明白，非若中醫之懸揣也」，而「中醫之勝於西醫者，大抵傷寒爲獨盛」[52]，在治療多數急性熱症（如流行性感冒及風熱風寒感冒），以及有些疑難雜症和慢性病恢復方面，中醫則有豐富經驗。所以他認爲中醫盲目自大，看不起西醫，與西醫借口中醫理論中夾雜了某些迷信毒素輒言棄之，及提倡神藥廢醫，同樣是錯誤的。他指出，「今日之中醫，務求自立，不在斤斤持論與西醫抗辯」，而應努力實現「凡病有西醫所不能治而中醫能治者」[53]，這才是中醫的出路。他主張中西醫應該相互取長補短，創造出有

[50] 章太炎〈論中醫剝腹案與吳檢齋書〉，載《華國月刊》第三期第三冊。
[51] 同[50]。
[52] 同[50]。
[53] 章太炎〈中國醫藥問題序〉，王一仁著，一九二七年出版。

我國特色的新醫學。總之，太炎反對廢除中醫，反對中醫守舊自大，反對一味崇洋妄自菲薄，反對民族虛無主義，反對排斥中醫教育，但他也反對中醫盲目排斥西醫，主張中西醫溝通，主張發展有中國特色的新醫學，他認爲保衞和發揚中華民族的傳統文化，和接受西方的新思想新學說並無矛盾，都不應該偏執一隅。太炎這些見解，在半個多世紀前的舊中國，是不乏智見的，即使在今，仍不失卓識，有著現實意義，加上他特殊的身份與地位，因此他在二、三十年代上海的中西醫大論戰中，也產生了特殊的影響，受到普遍的尊重。由於太炎站在愛國主義立場上，既維護科學又維護傳統，所以獲得中醫界的尊敬，他們借助他的聲望來反對取締中醫；西醫界也很尊敬他，把他引爲同道。一些年輕的中醫在他影響下開始研究西醫，甚至投到他門下，如章次公、徐衡之、陳存仁、葉橘泉等，連老儒惲鐵樵「因讀《章氏叢書》，斗覺早歲從文，下筆即摹仿桐城聲調，爲未聞大道，始棄去詩古文詞，專治醫學」[54]，晚年「養痾吳下，所居的侍其巷，也是太炎先生所讓給他的」，懸壺滬吳，成爲一代名醫，與太炎結下醫緣，成一代佳話。而西醫界領袖余雲岫，也尊太炎爲師，並對中醫作了極深研究，成研究中醫論著多種，水平竟不在中醫之下。太炎在這場中西醫大論戰中，所以能

[54] 惲鐵樵〈章太炎先生霍亂論編後〉，載一九二七年《鐵樵函授中醫學校講義》第十七種第十五期。

獲得中西醫普遍膺服，是他在學術上的兼容博大表現。

這裡，還不能不提一提一九二七年上海流行霍亂，來勢極凶，死者甚多，市民一片恐慌，政府又缺醫少藥，太炎鑒於此，以古今霍亂之治的經驗，結合當時霍亂流行的症狀，發表了多篇論霍亂之治的文章，提出西醫「用樟腦針鹽水針救之」，中醫可用「四逆湯通脈四逆湯救之」，這在缺醫少藥人民經濟能力低下情況下，可以挽救不少人命。但他的見解引起了醫界爭議，以王一仁爲代表一派認爲太炎主張是不對的，於是產生了「霍亂之爭」。由於太炎嚴格地區別了眞假霍亂之治，最後得到了醫界的肯定，僅張贊臣醫生服務的景和醫院臨時救疫所，「開幕經旬，共診二百八十餘人，均得癒，而未亡故一人，此可爲上海時疫醫院首一之成績，又可見我中醫四逆湯理中湯之方，可與西土樟腦針鹽水針並駕而齊驅也」55。

在太炎與上海關係中，有一段歷史是不能不記述的，即太炎與上海佛教界關係，及他的佛學觀。佛教自宋後大衰，至晚清民初大盛，推動佛教復興的，大抵是佛教界外的文化人士，如龔自珍、梁啓超到太炎等，他們大多借佛學來伸張革命，漸而帶動了佛教復興。太炎於一九〇三年至一九〇六年，於上海提籃橋監獄中潛心研讀佛典始，後流亡日本五年中不斷

55 張贊臣〈對章氏霍亂論之旁證〉，載一九二七年《醫界春秋》第十四期。

研究佛學並加以發揮，他重視的是有哲學內涵的佛學，而不是佛教的形式、外殼、教義、人事等成份，更不是重視佛教中燒紙、拜懺、扶乩一套迷信東西。一九〇七年他發表〈建立宗教論〉[55]，力圖抽掉佛教中神道迷信的血液，保留它倫理部份，企圖建立起一種「新宗教」，這種新宗教既不是孔教，也不是基督教，而是以佛教中華嚴與法相二宗爲核心的新教。因爲在太炎看來，「孔教最大的汚點，是使人不脫富貴利祿的思想」，斷不可用；基督教叫人崇拜上帝，卽是要人崇拜西帝，是帝國主義用以侵略我民族的工具，也斷不可用。而華嚴宗是指以「一卽一切，一切卽一」，與莊子學說「萬物與我爲一」相合，在行爲上提倡菩薩行，用菩薩精神來鼓舞民氣，於革命宗旨與革命者道德最爲有益；法相宗唯識之學，析理詳密，與樸學不蹈空言，字字有徵相合，在思辯上科學性強，有助於增加傳統文化優勢，以抵禦日益強大的西方文化對中土文化的衝擊。在日本期間，他撰寫的佛學論文有〈大乘佛教緣起說〉、〈辨大乘起信論之眞僞〉、〈龍樹菩薩生滅年月考〉等；涉及佛學的論文有〈人無我論〉、〈五無論〉、〈四惑論〉、〈無神論〉、〈國家論〉、〈俱分進化論〉等等；另有與蘇曼殊討論佛教的〈告佛子書〉及〈告白衣書〉；還有佛學演講〈論佛法與宗教、哲學以及現實之關係〉[56]；以及用佛學解釋莊子學的〈齊物論釋〉。辛亥革命後，他佛學論著撰寫

[56] 〈論佛法與宗教、哲學以及現實之關係〉一文，係太炎一九一一年十月在日本演講，載《中國哲學》第六輯。

少了，與佛教界關係增多了。一九一三年，中華佛教總會在上海召開第一次聯合大會，太炎被公推爲名譽會長。一九一三年至一九一六年，他又一次失去自由，困厄之中再次研讀佛經以自解，與弟子吳承仕討論佛義，由吳承仕筆錄成《菿漢微言》一册，在〈齊物論釋〉基礎上，將儒學、道學、佛學融合於一。袁世凱死後，太炎再獲自由，曾在南洋、四川、湖南、上海等地，宣講佛學。一九一八年八月，佛教團體「覺社」在上海成立，太炎參與了發起，由太虛法師主持社事，同年十一月，太炎應邀於「覺社」發表〈建立名言唯識〉演講，並助創辦《覺社》雜誌，後改爲《海潮音》，成爲我國辦刊時間最長的佛學刊物。一九一九年三月，太炎與王一亭、丁福保應中國佛學會邀請一起前往上海錫金公所宣講佛法。一九二二年十月及一九二六年五月，世界佛教居士林在上海召開二次大會，太炎均與會，並作演講。一九二三年十一月，太炎贊助「佛化新青年會」成立。一九二五年太炎邀請太虛法師前往他主持的上海國民大學演講佛學。一九二六年七月，太炎與太虛法師等組織了「佛化教育會」。一九二七年二月二十三日，新僧運動於「法苑開幕」，太炎出席並演講。太炎與佛教界往來遠不止此，他與當時上海許多佛教界人士都有密切交往，如烏目山僧（黃宗仰）、曼殊大師（蘇曼殊）、弘一法師（李叔同）、太虛法師（呂沛林）及唐大圓居士、王一亭居士、以及年輕的趙樸初居士，留下了許多討論佛法的書函，足資後人細研。太炎晚年有不少論佛著作，如《菿漢昌言》等，但他把儒的地位已提高到道、佛之上，是出於西化與日寇侵華的雙重威脅，起而捍衞傳統，於是佛學在他應用中地位有所下降。太炎一生中，對佛學的闡述，並不泥於一成不變，而是根據時代的需求，相應隨變。他從來沒有把佛教當作宗教，只是把佛教當作哲學，利用其中有用成份，結合中國的諸子學、西方的哲學，來構築自己龐雜精深的思想體系，但客觀上他又推動了近世佛教的復興[57]。

佛教與佛學，對多數人來講，具有神秘色彩，如果揭掉其神秘面紗，剔除其繁瑣術語，深入來看一看太炎所宣揚的佛學，究竟有什麼特色，這是十分必要的。我覺得在太炎說解煩難的佛學觀後面，至少有二個重要寄意。一是運用佛學來增進國民道德說，二是運用佛學來提倡世道平等說。

古今中外一切優秀的政治家思想家革命家，無不重視道德對社會的作用，而致力國民性改造和建立道德學說，太炎尤甚於此，甚至到了過張道德作用的程度。他認爲中國的禍根在於道德的敗壞，「道德衰亡，誠亡國滅種之根極」，從戊戌變法到自立軍失敗，皆因黨人「之不道德致之也」，辛亥革命後種種失敗，更與執政黨人道德低下有關，所以不注重革命道

---

[57] 關於太炎佛學，詳見拙作〈論章太炎與佛教關係及佛學的特色〉，載《上海社會科學》（季刊）一九九四年第三期。

德，革命無不失敗。於是他借助佛學，剔除神道迷信、因果輪迴、消極遁世的成份，抉取精華，將神學變爲人學，用於近世民主革命。他說：「華嚴宗所說，要在普度眾生，頭目腦髓，都可以施捨與人。……法相宗所說，就是萬法唯心，一切有形的色相，無形的法塵，總是幻想，並非實在其有。……要有這種信仰，才得勇猛無畏，眾志成城，方得幹得事來」[58]。一個革命者必須懂得「優於私德者亦優於公德，薄於私德者亦薄於公德，而無道德者之不能革命」[59]，所以，一個革命者不去除「怯懦心、浮華心、猥賤心、詐僞心」，就無法完成革命大業。而佛教可以幫助我們，「以勇猛無畏治怯懦心，以頭陀淨行治浮華心，以唯我獨尊治猥賤心，以力戒誑語治詐僞心」，有助於養成革命者的無私無畏和犧牲精神，從而達到淨化靈魂，抵禦「畏死心、拜金心、奴隸心、退屈心」，擺脫物欲，獻身革命。他提出將佛教唯識宗的「種子」引入道德學說，以破「我、法」二執，一切「人我」、「法我」，都是幻想出來的假相，只有破此二執，才能泯滅生死界限，拋棄物欲，有助於人們「排除生死，旁若無人，布衣麻鞋，論行獨往，上無政黨猥賤之操，下作惴夫奮矜之氣」[60]。太炎力

---

[58] 章太炎一九〇六年七月十五日〈東京留學生歡迎會演講辭〉。
[59] 章太炎〈革命之道德〉。
[60] 章太炎〈答鐵錚〉。

圖創造出一種新的無神的有益增進國民道德的宗教，以這種宗教中的「依自不依他」的主觀精神，鼓舞鬥志，淨化道德，服務於民主、民生、民族革命，這不能不說是用心良苦。數千年來，中國的政治史，可以說是一部充滿不潔的道德史，人們競名死利，腐敗成風，而宗教中，尤其佛教中有淨化道德的成份，於是太炎積極汲取這種成份，加以鼓吹，這是有積極作用的，也是太炎佛學觀中一個顯著的特色。當然，過份誇張道德的作用，用新宗教代替舊宗教，都是不可取的。但是，太炎本人可以無愧地說，他是他所倡導的道德的模範，是他提倡的倫理的殉道者，這在近世是罕見的。早在日本流亡時期，他「寓廬至數月不舉火，日以百錢市麥餅以自度，衣被三年不浣，困厄如此，而德操彌厲」[61]，堅持革命，堅守《民報》陣地。他與二個女兒及女婿龔未生同居「東京一鄉間，裡外不過十多張席子的地」，午飯「只有一碗大蒜煎豆腐」[62]，有時菜也沒有，只好沾點鹽下飯。辛亥革命後，直至去世，生活節儉，堅持一夫一妻，不納妾，不吸毒，不奢侈，這在當時政要中實在是少見的。

追求「自由、平等」是近代民主革命的一面大旗，太炎極其重視「平等論」的宣傳。他運用佛教宣傳平等論，說：「佛教最重平等，所以妨礙平等的東西必要除去」。因此，滿洲

---

61 黃侃〈太炎先生行事記〉。

62 馬敍倫《我在六十歲以前》，第二七頁。

政府對我漢人的種種不平，有違佛理，逐滿便是我們份內事，爲辛亥革命製造了革命有理的佛學理論。其實，太炎運用佛法提倡平等論，有著更深更廣的涵義。太炎說：「世界法中，不過平等二字，莊子喚作『齊物』。並不是說人類平等，衆生平等。要把善惡是非的見，一切打破，才是平等」[62]，因此太炎以極大精力與智慧、來闡發自己的平等論，撰寫了〈齊物論釋〉。他說的平等，是一種無限的平等，要這種平等，就要做到「不齊而齊」，就要破「我、法」二執。故太炎說：「老莊的第一高見，開宗明義，先破名言，名言破了，是非善惡就不能成立。……現在，拿著善惡是非的話，去分別人事，眞是荒唐謬妄到極處了」[63]。不僅要把名言打破，太炎說還要把「公理」、「天理」打破，宋明理學家就是以「天理」殺人，「錮情滅性」，而「今之言公理者……，以己之學說所趣爲公，然則天理之束縛人甚於法律，而公理之束縛人，又幾甚於天理矣」，這都有違平等。「以衆暴寡，甚以強凌弱，而公理之慘刻少恩，尤有過於天理」[64]，強齊就是反菩薩行，有背平等之說，應該讓事物「物暢其性，各安其所安，世情不齊，文野異尙」，這才符合平等宗旨。他以莊子〈齊物論〉中

---

[63] 章太炎〈論佛法與宗教、哲學以及現實之關係〉。

[63] 同[62]。

[64] 章太炎〈四惑論〉。

「堯伐三子」爲例說，世上本沒有什麼陋與不陋之別，堯欲伐三子，僅僅是借口他們是「蓬艾」，即「至陋」之意，便隨便伐人，其實世上「是非善惡等想，只是隨順妄心」，「世上許多野心家，不論東洋西洋，沒有一個不把文明野蠻的見，橫在心裡。……以至懷獸心的強國，有意要併吞弱國，不說貪他的土地，利他的物產，反說那國本來野蠻，我今滅了那國，正是使那國的人民獲得文明幸福，這正是『堯伐三子』的口柄」⑥⑤。太炎認爲世上「什麼喚做文明，什麼喚做野蠻，也沒有一定的界限，而且彼此所見，還有相反之處。所以莊子又說，沒有正處，沒有正色，只看人情所安，就是正處、正味、正色」⑥⑥。太炎利用佛學平等論，反對強國凌食弱國，反對帝國主義的強權政治，造就一種反侵略的理論，是具有深遠意義的。

太炎運用佛教平等論，大聲疾呼，民族與民族應該平等，國家與國家應該平等，人與人應該平等，文化與文化應該平等；如果一個民族去壓迫另一個民族，一個國家去併吞另一個國家，一個人去欺負另一個人，一種文化去取代另一種文化，一種意志去強加於另一種意志，如此等等，都有違平等，也是佛法不容。一個多元的世界，方能爲人類提供平等相處的

⑥⑤ 章太炎〈論佛法與宗教、哲學以及現實之關係〉。
⑥⑥ 同⑥⑤。

廣濶天地。誠如學者姜義華所說，太炎這一理論，是反對用某一固定的模式與永恒的教條，來規定社會生活，反對將世界的運動發展簡單化、直線化、教條化，提倡以對立統一的觀點來對待歷史上各種各樣的思潮、學派、學說，以及各種不同的甚至彼此尖銳衝突的思想、意見、言論，應該允許不同的學派、思想、學說並存，同時鼓勵他們相互競爭，對古往今來的各種思想與學說，都要採取歷史主義態度，這才是開明政治，這才能繁榮富強㊷。就如太炎所言，「道本無常，與世變易，執守一時之見，以今非古，以古非今，（或以異域非宗國，以宗國非異域者，其倒視此），此正顚倒之說」㊸，就如莊子所言「無物不然，無物不可」，這與黑格爾「凡是現實的都是合理的，凡是合理的都是現實的」著名命題，有著許多相合之處。由此可見，沒有東西沒有存在的理由，各種思想學術都有自身存在的理由和價値。「千百年來，學術界的喧呶多訟，只要『操齊物以解紛，明天倪以爲量』，就能認識到它們各有致用人事之效，就能合理調解」，「在『齊物』和『天倪』的『裁量』『割制』之下，『莫不孫順』，是非泯除，對立消失，『妄自破』，而紛亦解」㊹。太炎就是以「齊物」與「天

㊷ 姜義華《章太炎思想研究‧一場夭折了的哲學革命》。

㊸ 章太炎〈齊物論釋〉。

㊹ 唐文權、羅福惠《章太炎思想研究》第二七九－二八一頁。

倪」作爲解剖世界萬物的一把利刃，憑著它，確能游刃有餘，這是太炎以佛學倡導「平等論」的又一個側面。他正是善於將佛學、諸子學、儒學、西學，皆爲已用，善於從「邊見」與「倒見」中發現「中見」與「正見」，終於將「古今中外的學術，揉合而成一家之言」，成爲近世「第一個博學深思的人」⑩。

太炎在上海的這期間，還有一件事值得一記，卽一九二七年他爲連雅堂（橫）的《臺灣通史》題辭。太炎一生中，作序題辭，多達百篇，而〈臺灣通史題辭〉，則別有意義，適拙作將在臺灣印行，似應一書。

太炎曾於戊戌變法失敗後流亡臺灣，旅居寶島半載，在《臺灣日日新報》任漢文版客籍主筆，當時太炎稱臺灣「隸日本已七年矣」，太炎流亡臺灣很想找尋「遺民舊德者」，卻「千萬不可得一二」，在日本高壓統治下，被清政府拋棄的臺灣民眾，「猶以鄭氏（鄭成功）舊事，不敢外視之」⑪。太炎爲之十分傷心，使他「對於日本治臺政策，每恣意攻擊，幾不知所居何地，所任何職」⑫，故留居半年卽別。太炎認爲「臺灣故國也，其於中國，視

---

⑩ 侯外廬《近代中國思想學說史》下册。
⑪ 章太炎〈臺灣通史題辭〉，載《章太炎全集》第五集，第一三七—一三八頁。
⑫ 謝汝全：〈章太炎之行述〉，《臺灣通志館刊》一卷三號，一九四八年十二月。

朝鮮、安南爲親」，「臺灣在明時，無過海中一浮島，日本荷蘭更相奪攘，亦但羈縻不絕而已，未足云建置也，自鄭氏受封，開府其地，才遺士女，輻湊於赤嵌，銳師精甲，環列而守，爲恢復中原根本，然後屹然成巨鎭焉」[73]，這是臺灣本土人與移居臺灣大陸人共同開發而興，故太炎贊：「偉哉，鄭延平之啓臺灣也，以不毛之地，新造之國，而抗強胡百萬之眾，至於今遂爲海中奧區焉」[74]。因此太炎對臺灣人民勤勞勇敢從事家園開發精神，深表欽佩，對臺灣人民的遭遇，深表同情。太炎以及每一個有良知的中國人，始終是與臺灣人民心連情合，他們不正是在甲午海戰慘敗之後，睹〈馬關條約〉臺灣被割讓，痛山湖被肢解，悲人民被出賣，恨政府之無能，而棄書齋家園，走上志在流血的反政府的革命行列，無數仁人志士流血犧牲，不正是爲了推翻腐敗的政府，結束中國人的悲哀，他們從來沒有忘記臺灣同胞。太炎對臺灣同胞的未來尤爲關心，他說：「豪傑志士，無文王而興者，鄭氏也。後之豪傑，今不可知」，但是，他相信臺灣人民一定會創造燦爛的未來，他預言——「披荊棘，立城邑，於三百年之上，使後世猶能興起而誦說之者，其烈蓋可忽乎哉」[75]。太炎明確指出，

---

[73] 同[71]。
[74] 同[71]。
[75] 同[71]。

臺灣割讓日本，但臺灣是中國不可分割的一部份，「鄭氏繫於明，明繫於中國，則臺灣者實中國所建置，其後屬清，屬日本，視之若等夷，臺灣無德於清，而漢族不可忘也」[76]。因此他對臺灣連雅堂作《臺灣通史》十分贊賞，他認爲連雅堂闡述了和他同樣的觀念。因此「雅堂之書，亦於是爲臺灣重也」。所以當「遺民連雅堂以所作《臺灣通史》見示」，請太炎爲之作序，太炎「觀雅堂之有作也」，發現連雅堂正是他當年流亡臺灣時欲尋找的「遺民舊德者」，是「千萬不可得一二」的一二者，而如今「庶幾遇其人歟」，使太炎不勝欣喜，欣然爲《臺灣通史》題辭。太炎在〈題辭〉中指出，《臺灣通史》之所以以通史爲體裁，是「不視以郡縣，而視以封建之國，故署曰通史，蓋《華陽國志》之例也」，「作者之志，蓋以爲道土訓者，必求其地建置之原」，故太炎樂爲題辭。

連雅堂是臺灣著名學者，有著大中華情懷，他對太炎十分尊敬，他說：「太炎先生，當代大儒，少讀其文，心懷私淑」[77]，一九一四年前後，太炎被袁世凱幽囚於北京，連雅堂不避株連，曾多次前去探望，並向太炎請學。連雅堂回憶這段歷史時說「曩游燕京，曾謁先生於旅邸，時袁氏專國，甚間正人，幽諸龍泉寺中，復移錢糧胡同。不佞每往請益，先生據案

[76] 同[71]。
[77] 連雅堂《臺灣詩薈》第十三號〈太炎先生詩跋語〉，又見謝櫻寧《章太炎年譜摭遺》第一〇頁。

高談，如瓶瀉水，滔滔不竭。乃以幅素求書，先生則書其詩曰：『蓑墻葺屋小於巢，胡地平居漸二毛；松柏包容生部婁，年年重九不登高』。」[78] 一九二四年，連雅堂主編《臺灣詩薈》，在該刊第十三號上，刊登了太炎十二首詩作，除三首是太炎當年旅臺時創作，餘爲後作，連雅堂特爲太炎十二首詩的發表作了〈跋語〉。在〈跋語〉最後，深情地寫道：「嗚呼，中原俶擾，大道晦冥，願先生善保玉體，俾壽而康，以發揚文運，此則不佞之所禱也。海雲千里，無任依依」[79]，眞是情感眞摯深厚，是文壇與兩岸的佳話，過去罕見記載，故補此一節。

縱觀太炎從「護法運動」失敗回到上海，轉而以「省治——聯省自治」爲己任，奔走五、六餘年，愛國之心依然不薄，但時代發展了，他卻漸漸跟不上時代，日見落伍，新民主主義曙光已升起，而他依然在舊民主主義思想範疇中行事，儘管他不喜歡蔣介石，反對國共合作，反對「北伐」與國民革命運動，但這代表時代主流和多數民眾意志的國民革命，已必勝無疑，這使太炎「聯省自治」的政治主張徹底破滅，隨著政治上的失敗，他也退出了政治舞臺，開始用自己的手和別人的手築起的牆與時代隔絕了。從護法運動到北伐革命，這十年

---

[78] 同[77]。
[79] 同[77]。

左右歷史，是近代史上最紛亂的歷史時期，各種政治力量此生彼消，關係錯綜複雜，各種思潮此起彼伏，關係撲朔迷離，這對於評價太炎的思想帶來了很大難度，也是太炎經歷最繁複時期。但是，在太炎多變的經歷中，他保持了幾個不變，卽愛國之心不變，反帝反帝孽反軍閥之心不變。這期間，太炎幾乎很少離開上海，是他一生中在上海生活最久的時期，參與了上海史上諸多活動，在政治、文化、宗教、醫學、教育、學術衆多領域，留下了很多史跡、啓示和遺產。

在一九二七年第一次國內大革命前夜，有些人在沉淪、有些人在崛起，這是誰都無法改變的歷史。

從南京政府到抗日戰爭

一九二七年三月二十二日，中共領導的上海工人武裝，爲配合北伐軍的進攻，在上海舉行了第三次武裝起事，與軍閥孫傳芳部隊浴血奮戰三十餘小時，終於攻占上海，成立了上海特別市臨時政府。蔣介石坐觀上海工人武裝的血戰，未發一兵，三月二十六日率北伐軍順利進入上海，其時南方大部地區也被北伐軍攻占，孫傳芳等軍閥對上海統治宣告結束。三月二十八日，蔣介石即在上海召開秘密會議，並讓蔡元培、吳稚暉、張靜江、古應芬、李石曾等五人在上海舉行「中央監察委員會常務委員會」會議，通過吳稚暉的「謀叛國民黨及不利於中華民國之種種行爲，應行糾察」提案，即「清黨」提案。四月二日，吳稚暉在國民黨中央監委會上宣讀了彈劾共產黨的文告。四月八日，以白崇禧爲司令的上海戒嚴司令部成立，決定先從上海「清黨」。四月十二日，蔣介石以武力解除上海工人武裝，三天內，鎭壓親共工人糾察隊員三百多人，逮捕五百多人，流亡失踪五千多人，一時腥風血雨，血流成河，這就是震驚中外的「四一二」大屠殺事件。四月十八日，蔣介石宣布南京國民政府成立。同日，國民黨中央又通過「清黨案」，蔣介石開始鎭壓共產黨，第一次國共合作告吹。南京政府成立後，發出〈秘字第一號命令〉即是「通緝共產黨首要」鮑羅廷、陳獨秀、徐謙、鄧演達、吳玉章等共產黨人及國民黨左派共一百九十餘人。太炎的反蔣反共，卻眞正反出了蔣介石大肆的反共，這是太炎怎麼也沒有想到的——昨日還信誓旦旦的效忠孫中山晚年政策的蔣介石——一夜間變成反蘇反共的急先鋒，而且最終還反到以反赤著稱的太炎自己頭上。

「四一二」事變，一夜之間國共關係決裂，促使國民革命陣容的驟變，使整個社會及其階級關係，迅速分化，有一部份人立卽投入國民黨的懷抱，頓時成爲顯人新貴，他們不惜向舊時政敵甚至朋友，舉起屠刀，以他人的血來染紅自己的「頂子」。

一九二七年五月四日，上海的顯人新貴糾集各團體「二十萬人」，藉紀念「五四」舉行大會，通過十項決議，要求「肅清上海各學校之共產黨分子」，「殺徐謙、鄧演達」，「驅逐鮑羅廷」，「通緝學閥章太炎、張君勱、黃炎培、沈信卿、蔣維喬、郭任遠、殷芝齡、劉海粟、阮尚介、凌鴻勛、張東蓀、袁希濤等」六十六人。太炎之名赫然列爲要求通緝的六十六名「學閥」之首。六月十六日，國民黨上海特別市黨部臨時執行委員會，又正式向國民黨中央呈請「通緝學閥」，而通緝名單的第一名「著名學閥」卽是「章炳麟」。浙江省國民黨黨部，也迅速雷厲風行，「飭縣處置逆產」，立卽將太炎私產予以查封，這種迅速與徹底，是西太后的滿清與袁世凱的洪憲所望塵莫及的，近代中國自此起，越左越好之風就形成了，以後竟越演越烈，到「文革」，給人戴頂「反動」帽子隨後立卽抄家便成了國風。據當時《民國日報》報道：「餘杭縣長朱源汲，當派總務股長譚怡，赴章太炎原籍倉前鎭，調查其所有財產，計有油車及碾米廠兩處股本洋三千七百元，標賣得實洋二千六百元，又有田二十七畝，尚未標出。……昨聞朱縣長擬將是項逆產款洋，移交縣黨部接收辦理」❶，當然也有個別人不順潮流而表示反對的，「日前章氏族人來省要求免予查封，曾經政治會議浙江分會蔣委員提出大會，各席多數主張以章太炎之反革命行爲，與衆不同，決議沒收充公」❷。

面對白色恐怖，使許多人感到困惑與苦悶，曹聚仁在〈一月來之苦悶〉一文中發出呼籲，「希望黨中同志對於共產黨員，取『君子絕交不出惡聲』的態度；對共產黨還是以友誼相待」❸，這實在是太天眞的書生之見。政治鬥爭也許就是必須如此殘酷與你死我活，爲了大權到手，沒有什麼仁義慈悲可說，這大概在中國近代二十年代就形成了風氣，因此只要一個人「落水」大家就狠命去砸而絕不可予以姑息，惟恐不左禍及自身的惡風積之有日矣。太炎雖不是共產黨人，而且還是以反共著稱，他也照舊被列入通緝之列，而且毫不客氣地沒收了他一點點薄產，因爲他同樣是國民黨的政敵，儘管他與孫中山共創辛亥革命，締造中華民國，共建護法軍政府，導致了北伐，但他沒有贊同由中華革命黨改組爲中國國民黨的政策，尤其是反對孫中山晚年的政策，而成爲國民黨的政敵。儘管取得南京政府大權的國民黨也背棄了孫中山晚年的政策，但太炎作爲國民黨最高領導人——蔣介石、譚延闓、吳稚暉的私敵

❶❷〈查封章太炎財產〉，載《民國日報》一九二七年五月二十二日。

❸曹聚仁〈一月來之苦悶〉，載《民國日報》一九二七年四月十九日。

地位沒有變，使他碰上了舊日的「寃家對頭」❹，便「晦氣」難揮。爲太炎一貫反感的蔣介石已集黨政大權於一身；因驅走趙恆惕破壞湘省自治的譚延闓，太炎也與他積怨日久，如今卻成國民政府主席；因「蘇報案」有投敵之爭而與太炎積怨的吳稚暉，如今也成國民革命軍總司令部政治部主任、國府委員，他們大權在握便毫不客氣地向太炎發出正式通緝令。這是太炎繼清政府七次通緝、洪憲政府再次通緝之後的，國民黨政府的又一次通緝。

該年仲夏，太炎遷出南洋橋裕福里，這個僻靜的住處，顯然不宜再居住了。在這白色恐怖籠罩的歲月，暗殺綁架屢見不鮮，太炎作爲一個被通緝的人，一個失勢的人，再住在這地方太危險了，太炎家人決定搬到較熱鬧的市中心去，這樣也許安全一點。於是，太炎又一次遷居，搬到了同孚路同福里八號，卽今石門一路的南京西路與威海衞路之間的一百五十一弄或一百零二弄內❺的同福里八號，這是一個石庫門式的里弄，太炎居住的八號是右側里弄的最後第二家。太炎在該年十一月十六日致李根源信中說：「老夫自仲夏還，居同孚路賃寓」，卽是指這一次遷居。這是太炎自辛亥後成家後的第三次遷居。搬到新居後，他閉門不

❹王仲犖〈太炎先生二三事〉，載《歷史論叢》一九八三年第三輯。

❺同福里通向馬路有二個出口處，卽石門一路一百五十一弄與一百零二弄。

出，「終日安坐，兼治宋明儒學，借以懲忿」、「蟄居之中……，所謂墮在無事甲里」，被當局劃地爲牢，迫使他「閉門思過」，被迫與時代隔絕。

自一九二七年至一九三一年，太炎的行蹤幾乎從報刊雜誌中消失殆盡，一個在中國歷史舞臺上騁馳了近四分之一世紀的熟悉名字——章太炎，消失得無影無踪了。後人對此大惑，被南京政府通緝的太炎，命運究竟如何？在這長達四五年的歲月中，他究竟在幹什麼？他究竟在哪裡？這連許多歷史學家都不知怎麼回答，無論湯志鈞的《章太炎年譜長編》、謝櫻寧的《章太炎年譜摭遺》，還是姜義華的《章太炎思想研究》、唐文權羅福惠的《章太炎思想研究》、汪榮祖的《章太炎研究》，皇皇數百萬字的著作中，這個問題卻是一塊空缺。一個歷史人物如此乾淨徹底消失在歷史舞臺，實在是一個悲劇。

我爲此尋訪了許多老人，知者甚少，僅從太炎家屬中長子章導處獲悉，「太炎曾隱匿在一家日本人開的醫院裡」，開醫院的人叫「吉住」。於是我展開了搜尋。我在《支那在留邦人人名錄》中，終於找到有一個叫吉住慶次郎的醫生，他在上海開了個醫院，他住在「北海寧路十五號」。我又在《宮崎滔天全集》第一卷中的宮崎滔天《日記》得知宮崎於一九二一年三月曾來上海，二次往訪太炎，在上海期間接觸人中有吉住慶次郎，並多次去吉住醫生家「會餐」，還去吉住開的醫院看過病，交往甚密，因爲宮崎住在昆山路，與吉住住的北海寧路是十分貼近的❻。從昆山路向東十多公尺，卽是吳淞路，從吳淞路向北，經餘杭路、海寧路卽達北海寧路，之間不過一百五十多公尺，可謂近在咫距，而吉住醫院卽在昆山路餘杭路口，是宮崎去吉住家的必經之地。吉住醫院的地址，又見諸一九二二年二月《民國日報》——〈居正介紹良醫吉住先生啓事〉，居正介紹說，他於該年初患病「經多醫不治，後遷入吉住醫院，經吉住先生細心診治」，三個星期後，「藥到回春」，故贊吉住爲「良醫」，「謹爲介紹於凡求醫者」，醫院地址爲「虹口有恒路三十四號」。有恒路三十四號卽今餘杭路十五——二十一號。由此可見，吉住慶次郎是宮崎滔天和居正的友好，而宮崎滔天和居正是太炎自流亡日本始的好友，太炎又愛好醫學，因此我認爲太炎極有可能也因此結識了吉住醫生，於是在患難之中，避地吉住醫院。

吉住醫院在當時虹口日本租界，所謂國中之國，當局不易下手，而且吉住醫院比較僻靜舒適，是一家較好的私家醫院。我訪問了該醫院附近居民，得知當年醫院門口有一對石獅子，現餘杭路十五號與二十一號，都屬於該醫院範圍，這是一幢雙體三層樓結構的建築，結構優良，內部寬暢，每室都有壁爐，底樓左邊是掛號間，右邊是太平間，二樓中間是客廳，

---

❻《宮崎滔天全集》（日文版），第五六五、五六八、五八一、五八三、五八四頁。

左邊是藥房，右邊是診所，三樓及另一側樓是病房、辦公室等，病房雖不多，卻寧靜高雅。吉住醫院辦到抗戰結束，吉住慶次郎也隨之遣返日本，醫院由國民黨政府接收，後歸陳立夫、陳果夫所有，供其「大媽媽」居住。一九二七年秋至一九二八年春，太炎便在此度過了鮮為世知的匿居生活。

太炎匿居吉住醫院期間，他請吉住醫生為他割除了「鼻衄」，即鼻腔內生長的瘜肉。太炎自幼患有鼻症，故終生流涕，影響嗅覺，常食不知味，到晚年鼻子變得碩大，鼻腔內長了許多瘜肉，他的逝世，據說與此疾有關。據他弟子回憶說，太炎在臨終前還堅持講學，因鼻腔有疾故發音渾濁，一日講學時有一塊瘜肉自鼻腔內掉下，鼻塞頓時變暢，發音清晰，腐爛的瘜肉卻落入體內，炎症也因此入內而不治。匿居吉住醫院期間由日本醫生為他開刀，割除瘜肉有一茶杯之多。一九二八年五月二十七日，太炎在致李根源信中說：「因弟在病中，不便與論時事，今知軀體已復，故及之」，這裡所言「病中」即指割除鼻衄一事。據太炎長子章導告知，他曾隨母親湯夫人秘密去吉住醫院看望過父親一次，僅記得醫院很遠，醫院也不大，太炎一個人住在樓上一個僻靜的屋子內，屋裡除了一張床一隻桌子外，餘處均堆滿了太炎所需要讀的書。太炎就這樣，一個人默默地與世隔絕地當起了一個「寧靜的學者」。唯一有趣的是，太炎匿居有恒路吉住醫院的秘密，直到今天才告之於世，而有恒路卻不知什麼時候改名爲餘杭路，因世人常不稱太炎而直稱他爲餘杭，因餘杭出了太炎，有恒路恰恰被改名爲餘杭路，彷彿故意爲紀念太炎而命名，實在湊巧。

太炎在他一些老友如張繼、于右任、居正、丁惟汾等國民黨上層人士疏通之下，蔣介石等只好放鬆對太炎的通緝，他們不願仿效袁世凱那樣做法，以政治理由拘禁太炎，認爲這只會造成社會上徒然無益的誹議，便「以該逆行將就木，不欲誅術，冀其閉門思過」❼。故太炎離開吉住醫院後，便返同福路寓，關進書齋，「閉門思過」，過著半囚生活。他在一九二八年十月二十二日致李根源信中說：「僕今年只以作詩遺累，時亦作字，每日輒寫三四十篆，餘更無事」，這確是太炎當時眞實情況，但除了作詩、讀書、寫字、割除鼻疾，他開始寫他的自傳。

一九二八年六月，南京政府發表宣言，宣布「統一告成」，國民黨「二屆四中」全會，通過了五院制政府組織法，確立了一黨專政的政權形式，將「五色旗」改爲「青天白日旗」。太炎目睹這些變化，悲憤致極，他說：「拔去五色旗，宣告以黨治國者，皆背叛民國之賊也」❽，其罪「惟袁氏（世凱）與之相等，而徐（世昌）、段（祺瑞）、曹（錕）輩，皆視

❼《三區黨部呈請通緝章太炎》，載《申報》一九二八年十一月二十二日。

❽章太炎，一九二八年五月二十七日《致李根源信》，載湯志鈞《章太炎年譜長編》第八九三頁。

此爲輕」❾。該年六月，適逢黎元洪去世，在太炎看來，這是正統的中華民國的最後象徵的死亡，他寫了一幅輓聯，稱「繼大明太祖而興，玉步未更，倭寇豈能干正統；與五色旗俱盡，鼎湖一去，譙周從此是元勳」，下署「中華民國遺民章炳麟哀挽」。從此太炎自稱是「中華民國遺民」，他決心不當青天白日旗下中華民國的順民，他也決不承認蔣介石統治的「中華民國」，他蔑視向蔣介石屈服輸誠的「譙周」者，他也永遠不會原諒馮國璋、段祺瑞、徐世昌、曹錕、蔣介石等這些「倭寇」者，他哀挽的不僅是五色旗下的中華民國死亡，他更哀挽他倡導的「聯省自治」徹底死亡，卽他政治的死亡。太炎就是這樣一個固執的永不屈服的人，這在近世，在中外，實在是少見的有性格和風骨的人。因此西方學者在研究他之後，不解地稱他是「獨行孤見的哲人——桀敖不馴的天生的怪人」❿，如果不是天生的怪人，怎麼會如此桀敖不馴；東方學者在對他反復研究後，嘆稱他是「否定一切的思想家」⓫，太炎對一切幾乎都反對都否定，實在是不可思議的人。

一九二八年十一月，當局對太炎的通緝與追究稍有鬆懈，他剛剛有了一點自由，該月二

---

❾ 同❽。

❿ （美國）傅樂詩《獨行孤見的哲人——章炳麟的內在世界》。

⓫ （日本）河田悌一《否定的思想家——章炳麟》。

十一日，他老友蔣智由兒子——招商局輪船公司股東代表蔣尊簋舉行新聞界招待會，邀請太炎出席，太炎經幾年「匿跡」，一經再露，即在記者招待會上，便不顧一切地攻擊時政。他說：「今日中國民不堪命，蔣介石、馮玉祥尚非最大罪魁，禍首實屬孫中山。他們現在說以黨治國，也不是以黨義治國，乃是以黨員治國，攫奪國民政權，而對外仍以中華民國名義。此與袁世凱稱號洪憲後，仍以中華民國年號對外，意義相同。袁世凱個人要做皇帝，他們是一個黨要做皇帝。這就是叛國，叛國者國民應起而討伐之。故吾謂革命尚未成功，國民尚須努力，應共奮起」⑫。這番話眞是說得人人爲之揑汗，竟如此肆言無忌，竟公然號召反黨反政府，眞是不知在誰家天下說話。可見太炎幾年「閉門」，但並未「思過」與「改過」，心態依舊。第二天，國民黨上海市三區黨部再次呈請通緝章太炎，稱「章逆既爲知識階級，復有歷史上反革命之鐵證，今復於宴會上狂放厥詞，顯圖危害政府，搗亂本黨，應請鈞會轉呈中央黨部，按照中央頒布之懲戒反革命條例辦理，即日訓令軍警機關通緝」⑬。太炎冒天下大不諱之言論，輿論一時爲之譁然。《民國日報》發表〈緝辦章炳麟〉社論，稱「章炳麟，老而不死之文妖」，前「未予懲處，僅棄之於滬瀆，蓋亦猶樂善之徒購龜蛇而置之放生

---

⑫〈三區黨部呈請通緝章太炎〉，載《申報》一九二八年十一月二十二日。

⑬同⑫。

池耳，然初不料此妖至於今日猶敢以妖言惑衆也」，應「對章炳麟一放殺戒也」。《民國日報》副刊《覺悟》發表〈嚴懲文妖章炳麟〉等文，稱「老而不死，是爲賊！章太炎，聽著！」這些文章除了謾罵仍是謾罵，一如「文革」語言。近一個世紀來，人們崇尚「革命」，彷彿只有革命才能解決一切，太炎是最早倡導革命的，卻也沒能逃脫「反革命」厄運。十一月二十五日，上海特別市黨務指導委員會五十八次常會，由王延松主席，出席者有熊式輝、許孝炎、劉蘅靜、潘公展、陳德徵、吳開先，會議就「呈請中央通緝反動分子章逆炳麟，議決，通過，議畢散會」⑭。十二月一日，六區黨部又「呈請通緝章逆炳麟」。六區黨部爲「公共租界」黨部，恐因太炎遷居的同孚路屬公共租界緣故，而三區黨部是「滬西小沙渡、曹家渡」黨部。

再次通緝的太炎，只得再次隱匿，這次通緝聲勢嚴厲，他不得不完全隱匿起來，被迫躲到他夫人妹妹湯國鳳家裡。湯國鳳嫁給在銀行工作的沈氏，沈氏在今成都北路二十一弄十二號有一個住處，不常居住，這是一條僻靜狹小不起眼的西式里弄，一共十多幢二層樓的住房，太炎就匿藏在第七幢住房，他居住在二樓。就這樣，他一個人躲在小樓過著完全與世隔

⑭ 同⑫。

絕的日子⑳。

一九二九年一月二十九日，梁啓超逝世，上海舉行公祭，無太炎之名；四月十一日，紀念胡景翼去世四周年，公祭也無太炎之名；九月三日，蔣智由去世，吊唁者中也無太炎；一九三〇年五月四日，馬相伯「九秩壽誕」，祝壽人中也無太炎。直到七月二日，田桐去世追悼會上，靈堂前懸有章太炎及蔣介石、胡漢民、李烈鈞、張羣、居正等挽聯。在這期間，太炎完全匿跡，而蔣介石也忙於內部整合，軍事上急於對付桂系，蔣桂戰事後，又忙於對付馮玉祥，接著又是平張發奎之叛，與唐生智之戰，與石友三之戰……直至中原大戰；文化上加強對反對派的壓制，以及忙於對付汪精衞與「西山會議派」，最終還有「鏟共剿匪」，使蔣介石要對付這麼多的「敵人」而只能暫時放鬆了對太炎的通緝與「討伐」，使太炎通緝壓力逐漸有所鬆動。

一九三〇年夏，太炎寓所由同福里八號搬到同福里十號，即搬到隔壁，這是一幢弄底住宅，面積是八號的一倍半大。據太炎家屬回憶，太炎大概是搬到十號後，才回到家中居住，八號基本沒有住多少日子，這期間大部份日子是住在他小姨湯國鳳成都北路住宅，過著絕對匿跡的日子。這時當局對他追究有些鬆懈，他們需要對付許多新的敵人。太炎得以回家但回家後的太炎仍被限制在家中「閉門思過」。

「同孚路的新居較爲寬敞，並特闢一室，專供藏書，但全部書籍沒有一個書櫥或書架，只是在廂房中間格上一條板桌，凡實用書，都放在桌上，不常用的，都堆在地下」⑮，「家俱極少，但有木版書近八千册」⑯。居住在太炎家對門的是原山東大學歷史系主任王仲犖家，王仲犖常去太炎家走動，當時他二十歲都不到，但他勤走勤學，終於成了太炎晚年的入室弟子之一。據王仲犖說：「章太炎被國民黨通緝後，學術方面的成就比前更高了」⑰，這大概是王仲犖所見到的太炎是整天埋首於書堆中的學究之緣故，在他看來，學術上的成就自然比以前多得多了。

太炎自一八九七年走出書齋，投入社會革命洪流，在中國政治舞臺上整整奮鬥了三十個春秋，但是蔣介石又把太炎趕回書齋，迫使他重新埋首學術，與書爲伍，成爲一個「寧靜的學者」，但這又使太炎的學術研究進入了一個豐碩收獲階段，有了許多新的建樹，但離開了時代與社會需求的純學術研究，終究缺乏他早年那種震憾社會和人心的生命力。

一九二八年，逆境中的太炎，度完了他六十歲的生日，他在隱匿的日子裡，埋首書桌，

⑮ 陳存仁〈憶我的老師章太炎〉，載《中外書摘》一九九二年第二期。
⑯ 同⑮。
⑰ 王仲犖〈太炎先生二三事〉，載《歷史論叢》第三輯。

回顧以往，靜靜地將過去一件件事加以總結，他決定趕快將自己一生經歷記錄下來，於是他開始撰寫《自定年譜》。《自定年譜》三易其稿，態度極嚴肅，內容極豐富，文字極簡潔，不僅記錄了太炎一生的經歷，而且述敍了這些事件的原委及他的觀點，是一部珍貴的歷史文獻。《自定年譜》的撰寫是很細緻很理性，例如：「中華民國七年，五十一歲」這一年中，記載了護法運動經歷，中說：「跋涉所至，一萬四千餘里，中間山水獰惡者，幾三千里」，這二十多個文字，這兩個數字，並非憑空估計，而是他先繪製了一幅護法行程圖，一一標明了每一地之間的行程，然後查標每一地之間距離，最後將路距一點一點加起來，終於得出這確切的數據，這是筆者從浙江圖書館特藏部所親見的⑱，可見態度嚴謹細心；又例「中華民國元年，四十五歲」這一年中，在陶成章「果被刺死」文下，有「或言英士爲之也」七字，這足見太炎的理性，儘管他爲陶成章之死痛心，也傳聞爲陳英士指使蔣介石所爲，但在太炎撰寫《自定年譜》時，陳英士早已去逝，蔣介石尚未自認，故太炎只能理性地寫，而不能意氣用事，類似之處，甚多也。《自定年譜》太炎僅僅寫到一九二二年，他五十五歲止，最後一句話爲「八月二十九日，受勳一位」。他爲什麼將年譜僅僅寫到五十五歲止，史界有許多

---

⑱ 浙江圖書館特藏部收藏太炎手稿及原稿二十四頁，中有〈環遊南方各省路程單〉一份，也見洪煥春《浙江文獻叢考》第九八頁。

疑問，太炎自撰年譜時六十歲，去世時六十九歲，爲什麼以後也不再增補年譜？我認爲，這足以表明太炎只自認是「中華民國遺民」，勳一位是當時總統黎元洪所頒發，黎元洪是中華民國的合法總統，代表了正統，也是對他一生爲民國的創立與生存的高度肯定和公正評價，而袁世凱當年僅僅給他勳二位，而一九二三年後，黎元洪也下臺了，以後的政府包括蔣介石的南京政府，是他所不承認的，所以他沒有再寫下去吧！太炎所撰《自定年譜》生前不願發表，恐遭人任意竄改，僅給少數幾個極親密友人看過，因此有很高的可讀性和研究性，這年譜本是留給後人冷靜評說的。直到太炎去世後，這部《自定年譜》才由他弟子孫鷹若謄清後，由章氏國學講習會校印，由於當時仍在蔣介石統治時期，文中有些犯忌話仍然被刪去，如「或言英士爲之也」則被迫刪去。一九五七年，復由馬敘倫以新式標點，在《近代史資料》第一期全文刊載。一九八六年，我將太炎自定年譜初稿、清稿及國學講習會排印稿，三稿並印成《章太炎先生自定年譜》⑲，由上海書店影印，使後人得窺《自定年譜》全貌。

匿居中的太炎還完成了《春秋左氏疑義答問》一著，他自稱這部著作「爲三十年精力所聚之書」⑳，他又說：「所著《春秋左傳疑義答問》，雖與舊說多異，然恐實事正是如此」

⑲ 拙編《章太炎先生自定年譜》除年譜三稿並印，後附太炎手書〈先曾祖訓導君先祖國子君先考知縣君事考〉、〈家訓〉及〈古今體詩〉影印件，詳見拙撰〈後記〉。

⑳ 章太炎〈與吳承仕論春秋答問作意書〉。

[21]。這裡太炎所說的「與舊說多異」，是指與傳統的及自己早年的觀點有所不同，應該說論說更加科學與實事求是了。太炎一生致力古史研究，人稱「國學大師」，十六、七歲治經，二十三歲專治《左氏傳》，三十歲成《春秋左傳讀》、《駁箴膏肓評》、《砭後證》等，共五十餘萬字，宗古文，駁難今文公羊派，晚年重新研究《春秋經》，成《春秋左氏疑義答問》五卷，用答問形式來闡述他對《春秋》與《左傳》的觀點、理論和主張，其觀點確「與舊說多異」，這大概是他的學術進入了更成熟期，而「反樸歸眞」了。他在《春秋左氏疑義答問》一著中，否認了「孔子作《春秋》」這一傳統的觀點，他認爲《春秋》係孔子據《魯史》刪定而成，所以《春秋》詳於魯史而疏於其他邦國史，對魯國弑君事件故多隱諱，這是因爲《魯史》原來如此。左丘明作《左傳》則不僅依據《魯史》，而且還綜合了百國與諸官府的記錄，因此經、傳所據資料廣狹有別，對許多具體事件的敍述也有了差異。太炎這些論斷應該說是相當具備說服力的。《答問》這一著還就《春秋》的社會價値和孔子爲什麼要修《春秋》等問題提出了新的見解，太炎否定了孔子作《春秋》是「爲褒貶而作」，是爲儆戒那些「亂臣賊子」，他認爲古人作史，是爲君上提供豐富的歷史經驗，作爲鞏固其統治的借

㉑ 章太炎〈答黃季剛書〉，一九三〇年四月四日，載《章太炎書札》，溫州圖書館收藏。

鑒，而孔子身處「四夷交侵，諸夏失統」之世，深知「欲存國性，獨賴史書」，故躬採史記，加以刪革，而成《春秋》。這些論說，應該說是相當具有新意和科學性的。

蟄居中的太炎，除了研究《春秋》外，還致力研究《論語》和《尚書》，以後成稿的有《廣論語駢枝》、《體撰錄》以及很多關於《尚書》的論說。《論語》是記錄了孔子思想言行的一部著作，史受世重，清代劉臺拱著《論語駢枝》，後有俞曲園著《續論語駢枝》，俞氏增補了劉氏四十餘條，太炎在精研《論語》基礎上，又增補了他的四十四條見解，成治《論語》者當讀之作。太炎從遭國民黨當局通緝，直到晚年去世蘇州，在古代文獻整理方面，花力氣最多的還要算對《尚書》的研究，他自獲洛陽出土三體石經殘片後，開拓了《尚書》研究思路，在這以後絡續撰成《尚書大義》、《尚書略說》、《尚書續說》、《太史公古文尚書說》、《古文尚書拾遺》、《古文尚書拾遺定本》等，在這基礎上，他又給弟子們系統地講解了《古文尚書》，對《古文尚書》作了逐句逐字的詮釋，並與舊說一一比較，留下了一部珍貴的批本，他講課卽是以這部批本爲據，他的弟子諸祖耿、王仲犖又留下了二册記錄本，爲我國民族文化寶庫又留下了一筆豐富的遺產㉒。

㉒ 十年前王仲犖將他與諸祖耿記錄稿〈太炎先生尚書說〉交我，希我參照太炎批本，整理後出版。我整理過半，終因《章太炎全集》出版暫停而未完成。

在蟄居期間，太炎又完成了《三字經》的重訂工作，這工作與他其它學術著作相比，也許是不足道的。《三字經》是蒙童讀物，它將方名事類及經史諸子，用通俗的三字經來記載，便於誦讀，三字經代有所續所改，「明清人所增尤鄙」[23]，於是太炎「重爲修訂，增入者三分之一，更定者亦百之三四，以付家塾」[24]。《三字經》原述明清史事爲：「乞援師，吳總兵，滿入關，據神京，傳十世，國號清，至宣統，大寶傾」，注謂：「明總兵吳三桂招致滿人，長驅入關，竊據漢土，改國號曰清，共傳十主，二百六十八年」。太炎重訂本作：「清太祖，興遼東，金之後，受明封，至世祖，乃大同，十二世，清祚終」，注謂：「清爲金之後，姓愛新覺羅，明代末葉崛起遼東，至太祖始稱帝。李自成陷北京，吳三桂迎清世祖兵入關，遂代明有天下，傳至宣統，遜位民國，凡十主，二百六十八年。自太祖努爾哈赤至宣統，共爲十二世」。敍述甚爲客觀，一掃他辛亥前後反滿排滿偏見，趨於平實，是最有近世氣息的《三字經》，爲學人所重。直到近年，大儒周谷城還來向我索要太炎《三字經》，說太炎《三字經》較前種種《三字經》，最堪給孩子作啓蒙讀物，他即據此教孫兒唸《三字經》，來粗通歷史。

---

[23] 章太炎〈重訂三字經題辭〉。

[24] 同[23]。

一九二七年後的太炎，基本上再也沒有社會活動，唯一參與社會活動的是醫學活動。《漢書》稱「上醫醫國，下醫醫人」，這代表了中國傳統知識分子思想，知識分子——古稱「士」——有識之士，總懷有一種歷史使命感，他們首先考慮怎麼入仕，管理國家，「上醫醫國」也，如屢不進第，或仕途中失，便常選擇為醫，「下醫醫人」也，即俗言「不為良相便為良醫」。近代就有許多人就是從醫人轉而走上醫國之道，如孫中山、魯迅、郭沫若等，他們是比較「醫國」「醫人」後，發現「醫國」比「醫人」重要，而走上醫國道路，太炎也是放棄自幼喜愛的醫學，走向醫國道路，企圖挽救國病。但是，他奮鬥了大半輩子，見醫國無望，醫國無力了，退而去堅守醫人——這傳統意識中的最後一塊陣地。一九二七年到一九三六年，太炎人生的最後歲月，可以說完全與醫學事業聯繫在一起了。一九二七年中國醫學院在上海創立，這是由王一仁、秦伯未、許半農、嚴蒼山、章次公等人發起，宗旨是「商量舊學，採納新知，不特欲自顯中醫獨立精神，且將別樹一新中醫旗幟，由中國醫學而化為世界醫學矣」㉕。醫院經一年籌備而緒，大家公推太炎出任院長。太炎身處逆境，但毅然就任院長，可是沒有見到他公開活動。中國醫學院初建於黃家闕路，後遷至老靶子路（即今武進

㉕ 一九二六年六月《中國醫學院院刊》第一期。

路），最後搬到閘北大場，蓋起了新校舍，成爲當時上海教學條件最佳的中醫高等院校。學院共招收學生十三期，造就人材甚眾。學院在「一二八」事件中，遭日寇飛機炸燬，遂遷至市內江陰路勉力維持，至上海租界全部淪陷而被迫停辦。學院在創辦中，曾於一九二八年和一九二九年，兩次發起在該校召開全國中醫學教材編輯委員會會議，爲近代中醫教育誕生第一部中醫教科書，邁出了重要的一步，而在此之前中醫教學沒有一本統一的教科書。不久，上海國醫學院又在上海創立，由徐衡之、陸淵雷、劉泗橋、章次公、章巨膺等人發造，也公推太炎擔任院長，太炎也毅然就任了。學院「發凡起例，皆經（太炎）先生所手訂」㉖，並親爲院刊題寫了《上海國醫學院院刊》刊名。院刊聲名：「本刊內容一洗陰陽五行之說，欲以科學解釋中醫」。學院初建於今淮海中路重慶路口，辦至「一二八」，戰火四起，兵荒馬亂，經費缺乏，雖經太炎發起募捐，杜月笙也帶頭認捐三千元，其他名流也紛紛解囊，終因戰亂，捐款無法集中，而告停辦。國醫學院在辦校中注意拋棄中西醫成見，採取中西醫結合，正如何雲鶴醫生說：「民十八年（一九二九年），章太炎辦上海國醫學院，那是國內第一所正式採取現代醫學做基礎的中醫學校，院中的課程，由陸淵雷先生釐訂，基礎醫

㉖ 一九二七年七月《上海國醫學院院刊》第一期。

學像生物、化學、解剖、生理，都採用現代醫學，應用各科則以中醫原有的爲主，並且側重傷寒論的經驗」㉗。這樣的學校和觀念，在當時是很了不起的。

逆境中的太炎出任這兩所醫學院院長，是他自南京政府建立後至抗日戰爭爆發期間，唯一擔任的社會職務，雖然他身爲院長，並不需要天天上班，處理日常事務，而是精神性的，但也需要勇氣接受，因爲他既不能再爲「良相」，便以「良醫」自爲，他實在是對醫學很有感情的。一九三二年後，他還擔任過蘇州國醫專科學校名譽校長和該校研究院院長，直至他去世。太炎的醫學經歷，是他一生中一個重要組成部份，而過去史家都忽略了這一點。有人說，太炎「於學術，以小學、子書、醫理，堪稱三絕。三絕之中，最喜談醫，嘗謂平生心得在是」㉘，也有人認爲他的醫學，「實精於理，而疏於術」㉙，的確，太炎乃是「學問家之醫生，固未可與臨病之工較一日之短長」㉚，但也不是一般醫生可以望背的。他努力捍衞祖國古老的醫學，又提倡科學態度，力圖給中醫賦予新的生命，並竭精殫力培養醫學人材，正

㉗ 何雲鶴〈現代醫學和中西的結合〉，載一九五一年十一月十六日《新中醫藥》第二卷第一一期。

㉘ 〈現代中國名人外史——章太炎〉，一九三五年《實報叢刊》。

㉙ 同㉘。

㉚ 陸淵雷〈章校長太炎先生醫學遺著特輯序〉，載一九三六年《蘇州國醫雜誌》第一〇期。

如章次公所言——「民族革命之導師餘杭先生，亦卽國醫革新之導師」㉛。

蟄居中的太炎，經常習字自娛，他的書法自有一番功夫，並獨具特點，是他學術體系的一個組成部份，而過去史家也忽略於此。早在一九二三年，太炎卽公開自訂「書例」於《華國月刊》，當時他鬻字的等級與于右任等一樣，同列第一等級，而他的生活來源，也確實是依靠賣文字爲活，因爲太炎既不當官吃餉，也不置田收租或經商辦廠，除著書講學收入外，賣字也確是他主要收入。他「在同福里居住不久，一天，馮自由來訪，要他寫兩件東西，一件是孫中山先生的《中華民國政府成立宣言》，一件是《討袁世凱檄》，這兩件原稿原是章師（太炎）手撰的，馮氏要求他親筆再文寫一件，成爲歷史文獻。當時馮氏不過致送筆潤墨銀二十元。這件事報上竟大登特登，有許多人都來求章師（太炎）再寫這兩件原文，我（陳存仁）記得一共有五六十份，有的送墨銀四十元，有些送墨銀二百元。……章師（太炎）大約寫到十件以上，就惱怒異常，再也不肯動筆」㉜。太炎「寫一篇墓志銘或墓表，人家通常送他一千到二千元，但他並不就以金錢爲準，據說有一個紗廠的主人，想請他做一篇頌揚祖上的文字，送他萬元作潤筆費，他卻極力拒絕，一字也不肯寫。反之，他替黎黃陂做了一篇

㉛ 章次公〈章太炎先生之醫學〉，載一九三六年《蘇州國醫雜誌》第一〇期。

㉜ 陳存仁〈憶我的老師章太炎〉。

洋洋的巨文，又一錢不受，因爲（太炎）先生是最重感情的」㉝。太炎賣字的書例，一幅「篆中堂，一丈，六十元」，一幅「行中堂，一丈，四十元」，一對「篆聯，七尺至八尺，三十元」，一對「行聯，七尺至八尺，二十四元」，……。太炎出賣書品而不出賣人品，賣字很講究品格，署款只寫「書贈××」或「××囑書」，不稱兄道弟，或冠以「先生」之類尊稱，決不阿諛奉承去迎合買家口味。但他對於革命同志則稱呼親蜜，贈孫中山聯，款稱「逸仙二兄」，贈聯田桐，則稱「梓琴同志」。太炎除了爲生活鬻字外，他一般書件都有寄意，正如曹亞伯所言：「太炎平常習篆，皆有寄意，見舉國民不聊生，卽篆《天學》末章：『孟獻子曰：畜馬乘……』；見日本以一千四百人而占奉天，東北三十萬雄兵不抵抗，又篆一立軸曰：『吳其爲沼乎』。」㉞他又常將自己書法作品參加社會義賣以支持正義事業，如爲「五卅運動」義賣書畫獻字，「九一八」後，爲支持東北義勇軍，「寫了兩三幅籀文對聯，是應允上海寧波同鄉會義賣去捐給抗日的義勇軍的，那用筆眞是潔淨蒼遒得很」㉟。

太炎的書法，得益於他的小學功底，與一般書法藝術家作品有別，是屬於文人字。書法

㉝ 王基乾〈章太炎逸事〉。

㉞ 曹亞伯〈談章太炎先生〉。

㉟ 柳存仁《人物譚》，一九五三年香港大公書局，見《章太炎年譜摭遺》第一三〇頁。

與小學的關係，正如鄧散木論摹印與小學關係一樣，鄧氏說：「不通古籀，卽無以識三代之彝器，不辨一篆，卽無以鑒古鉨之時代，故摹印家必須以識篆爲先務。而欲求識篆，又必須先明文字之由來，及其構造演變之跡，否則便如盲夫無埴，莫知所從矣」㊱。篆刻與書法有許多相通之處。太炎治學，卽以文字學爲基點，從校訂經書擴大到史籍和諸子，從解釋經義擴大到考究歷史，精研訓詁，博考史實，他上探語源，下辨流變，卓然見語言文字之本，他的「小學一門，獨步千古」，「詢可謂集一代的大成」㊲。所以他的書法，不單是單純追求字形趣味，而是注意字體符合六書，以及書寫符合規範，反對任意拼湊，反對生搬硬造，力求字字有來歷，字字合古法，這是他書法上的獨到之處。

上海「一二八」戰事以後，太炎憂日寇亡我中華賊心不死，當局又腐敗，於是他趕緊書寫了《篆書千字文》一册，他認爲只要文字不亡，就有復國可能。他說：「文字亡而種性失，暴者乘之，舉族胥爲奴隸而不復也。夫國於天地，必有與立，所不與他國同者，歷史也，語言文字也，二者國之特性，不可失墜者也」，「今則外患孔亟，非專力於此不可」，「尊信國史，保全中國語言文字，此余之志也」㊳。太炎的篆書《千字文》，正是出於這種意圖，

㊱ 鄧散木《篆刻學》。

㊲ 詳見拙作〈章太炎和他的書法〉，載《書法研究》，一九八二年第四期。

㊳ 諸祖耿〈記本師章公自述治學之功夫及志向〉，講於一九三三年四月十八日，載《制言》第二五期。

一是保存了歷史[39]，二是保留了文字。近代篆學雖有了很大發展，但識篆者卻不能說很多，有些書法家篆體是任意泡制，而作爲一個眞正的書家，有釐定文字的歷史使命。太炎的小篆《千字文》可以說是近代不可多得的釐正文字的範本。一九八一年我將太炎手書《千字文》交付上海書畫出版社印影出版，這是第一册太炎書法作品集。書出後我曾贈周谷城一册，後聽周老夫人說，谷老得此墨跡後，連著幾夜沒有安睡，夜裡多次起身，查閱資料，自言自語說：「倒底是太炎寫錯了？還是我們今人寫錯了？」原來谷老發現太炎《篆書千字文》中有近三十個篆字，與今人的寫法不同，引起了他不安，經谷老一一查證，證明太炎寫得都合古法，而今人卻走調變味了。

太炎的書法學長期沒有引起史學界與書法界重視，也許他的學術涵蓋面太廣，而不以書學顯世。但也有不少書家學人，是很早就注重太炎的書道。近代書學泰斗沙孟海稱太炎的小篆，爲「古文字學別派」，與錢坫、孫星衍的「古文字學舊派」，鄧石如、吳昌碩的「書家派」，吳大澂、羅振玉的「古文字學新派」，並爲近世篆中四大派，是「篆學園苑中一朵斗大的鮮花，是值得我們推崇與學習的」[40]。他又說：太炎「篆書風格，高淳樸茂，和其他三

[39]《千字文》梁周興嗣撰，述自然、社會、歷史、倫理、教育的知識，後代有增補，爲舊時蒙學課本。

[40] 沙孟海〈章太炎先生篆書千字文前言〉，一九八一年上海書畫出版社出版。

派作字有顯著的區別」，「其作篆運筆結體，與侯馬出土硃書盟詞、長沙江陵出土楚墨書竹簡、壽縣出土楚銅器刻款，頗多暗合之處，證明其筆法自然近古，自成一家面目」㊶。太炎一般只寫小篆，這是恪守古文經學家法，但他對大篆私下作了很大努力，只是不願輕易付世，都藏之於室，這些作品卻充滿古樸的藝術氣息，文字近古籀金文。沙孟海又稱太炎楷書，「體勢在篆楷之間，更多近似新出土的《睡虎地秦簡》」，有些楷書又「隸楷參半，又成一格，略似吳《谷朗碑》」㊷。周季子在〈章太炎先生三數事〉一文中稱：「過去文人、政客頗多以賣文鬻字爲生者，如袁伯夔（思亮）、陳散原（三立）、李梅庵（瑞清）、曾農髯（熙）、馮君木（幵）等，均其佼佼者，而是時尤以太炎先生及譚祖庵（延闓）爲最負雅望，亦最見突出」㊸，太炎書法「自成一家，先生最工大小篆，所作純從金文得法，以長於文字學，故所作深合乎許氏六書之說，字字皆有本源，古樸淵懿之氣撲人眉宇，非一般書法家所能望其項背。先生常喜作尋丈之條幅，筆墨酣暢，力透紙背，尤爲常人所難，而先生則優爲之。篆籀之外，行楷亦甚遒美，雖於古人似無師承可言，然一種清剛俊發之氣亦能

㊶同㊵。
㊷同㊵。
㊸周季子〈章太炎先生三數事〉，載《團結報》一九八三年十二月二十四日。

自成體段，蓋大學問家之書法，全從學養得來，所謂字外見功夫也」㊹。近年來，太炎書法墨跡和手跡不斷獲得出版，一定會引起書法界更大興趣。

自一九二七年蔣介石建立南京政府，至一九三一年日本軍國主義開始發動侵華戰爭，這期間太炎遭當局二次通緝，過著隱匿蟄居生活，更加拉大了與時代的步伐，就如魯迅所說，「用自己的手和別人手幫造的牆，和時代隔絕了」，風雲馳騁中國政治舞臺三十多春秋的太炎，被迫退出了歷史舞臺。這是一個無可奈何的悲劇，雖然這不是歷史上第一個也不是歷史上最後一個悲劇，他個人應負多少責任？時代應負多少責任？這留給了後人長長的一串值得思考的教訓。倘然沒有「九一八」事件，太炎也許會與古書相伴至生命最後歲月，也許會永遠永遠從政治舞臺上消失。

一九三一年九月十八日，日本帝國主義突然襲擊我瀋陽，炮轟北大營，繼而向東三省發動了全面進攻。蔣介石忙於對付汪精衛和國內共產勢力，對外不惜退讓，嚴令東北軍「絕對不抵抗」，致使東三省危在旦夕。太炎被這時代的危機震驚了，強烈的民族主義意識使他從沉寂中驚醒，他如一頭垂老的雄獅，本能地嗅到一種威脅在迫近，他像一個退伍的老兵，聽

㊹同㊸。

到軍號的呼鳴，於是，翕然而起，再次投入到救亡行列之中。

對「九一八」事件的態度，太炎開始是謹愼和有克制的，僅僅在與友人通信中闡述自己的看法，表達他的憤慨。他說：「東事之起，僕無一言，以爲有此總司令、副總司令，欲奉、吉之不失，不能也」㊺，他對蔣介石太了解了，也太多批評了，因而付出了太多代價了，再多批評也感無用了，尤其當時汪精衞在廣州另立政府抗蔣，在他看來，「擁蔣非本心所願，倒蔣非事勢所宜，促蔣出兵，必不見聽㊻，他們都是『愛國家不如愛自身，愛自身人格尤不如愛自身之性命』」㊼，有這些人掌權，國土不能不失，而「東人睥睨遼東三十餘年，經無數曲折，始下毒手」，雖然抵抗未必能勝，但唯有一戰，「戰敗而失之，與拱手而授之，有人格與無人格既異，則國家根本之興廢亦異也」㊽，最最不可「在求聯盟會，既不敢戰，又不敢直接交涉，遷延時日，致敵之侵略愈廣，而袁金鎧輩漢奸政府亦愈鞏固」㊾。太炎這些判斷不能不說是切中時弊的。

㊺ 章太炎一九三一年十月五日〈與孫思昉論時事書一〉，溫州圖書館收藏。

㊻ 章太炎一九三一年二月七日〈致馬宗霍書〉，溫州圖書館收藏。

㊼ 同㊻。

㊽ 同㊻。

㊾ 同㊻。

由於不抵抗政策，不到三個月的時間，東三省竟全部淪落日寇之手。太炎至此忍無可忍，雖身處逆境，沉寂已久，然國難當頭，熾熱的愛國情感使他拍案而起，怒斥當局，作醒獅大吼。一九三二年一月十三日，他與熊希齡、馬相伯、張一麐、李根源、沈鈞儒、章士釗、黃炎培等六十多名社會知名人士，發起組織「中華民國國難救濟會」，並發表通電，電文說：「最近暴日犯錦，長驅深入，……而我守土大軍，不戰先撤，全國將領，猜貳自私，所謂中央政府，更若有若無。……國民黨標榜黨治，決非自甘亡國，……則請諸公捐助一切，立集首都，負起國防責任，聯合全民總動員，收復失地，以延國命」[50]，否則「應即日歸政於全民，召開國民會議，產生救國政府」[51]，不然的話「恐有採用非常手段，以謀自救」[52]。這是太炎自南京政府成立後的第一次公開通電。

一月十九日，太炎又率張一麐、溫宗堯、趙恒惕、彭允彝、沈鈞儒、李根源、趙正平等通電全國，「請國民援救遼西」，電云：「義勇軍以散兵民團合編，婦女老弱，皆充負擔之役。……若舉國盡然，何患敵之不破。而當局素無鬥志，未聞以一矢往援。……然則國家與

[50] 〈國難救濟會請政府決大計〉，載《申報》一九三二年一月十五日「本埠新聞」。
[51] 同[50]。
[52] 同[50]。

亡事，政府可恃則恃之，不可恃則人民自任之」[53]，他指出，遼西一失「燕薊卽爲極邊，欲令黃河以北永爲中國版圖，恐非明者之所敢保」[54]，因此「炳麟等懼幽、冀之爲墟，哀義民之無拯，爲是迫切陳詞，願全國智勇之士，共起圖之」[55]。此通電係太炎親擬，所憂之詞，足見遠慮卓識。

「九一八」事變後，日寇在東北得手，遂得寸進尺，於第二年——卽一九三二年一月二十八日，對上海閘北突然發動戰事。駐守上海的第十九路軍將士，在全國軍民抗日熱浪的推動之下，奮起自衞，揭開了上海近代史上「淞滬之役」的悲壯一頁。太炎身居滬上，目睹日軍殘暴進攻，看到軍民英勇抗戰，奮戰一月，殺傷日軍一萬多，使敵軍三易主帥，而不能有所推進，但是國民政府竟停發十九路軍糧餉，迫其後撤。太炎感十九路軍之英勇，憾不能同赴沙場，便用他著稱於世的文筆參加了戰鬥，撰寫了〈書十九路軍御日本事〉，稱這一仗是「自清光緒以來，與日本三遇未有大捷如今者也」。他從十九路軍與上海市民捨生忘死，精誠團結，共同禦敵的生動局面中，看到了希望，從而感慨地說：「自民國初元至今，將帥勇

[53] 〈章太炎等請國民援救遼西〉，載《申報》一九三二年一月二十二日「本埠新聞」。
[54] 同[53]。
[55] 同[53]。

於內爭，怯於禦外，民聞兵至，如避寇仇。今十九路軍赫然與強敵爭命，民之愛之，固其所也」。太炎不僅從道義上支持十九路軍抗日，還支持他夫人湯國梨創辦第十九傷兵醫院，用實際行動支持淞滬抗戰。第十九傷兵醫院設在湯夫人表兄湯在如家，地點在康腦脫路（今康定路）膠州路口如昇里弄底兩幢石庫門房子裡，院長由同德產科醫院院長李元善擔任，湯夫人親任總務長，醫院辦至戰事平息，歷時一年，先後接納治療傷員一百四十多人，僅一人因傷勢過重而死亡[56]。太炎也曾去醫院慰問傷員。

淞滬之役，當局爲保存實力，對十九路軍抗日沒有予以全力支持，使日寇乘機從瀏河登陸，使十九路軍腹背受敵，被迫撤退，當局竟與日本簽訂了《淞滬停戰協定》。太炎對此怒不可抑，他斷然拒絕出席蔣、汪召開的所謂的「國難會議」，他在〈拒絕參加國難會議書〉中，指出當局應以實際行動來抗日，而不是用空洞諾言來欺騙民眾，「苟令江左棄地如遺，當國者將何以謝天下乎？」「哀訴聯盟，則列強無恤難之情」[57]！太炎說：「軍事貴速，能斷則一言而可，不斷則眾議而無成，紛紛召集，將以奚用？若當事者志在屈伏，而以聯盟會

---

[56] 詳見拙作〈先祖母湯國梨傳〉，載《蘇州文史資料》第十一輯，一九八四年九月出版。

[57] 章太炎〈拒絕參加國難會議書〉，載《章太炎選集》（注釋本）第六二五頁，原稿爲章氏家屬收藏。

爲分謗之機關，僕民國荒夫，焉能爲黨國諸賢任過也」⑱。

〈淞滬停戰協定〉簽訂後，十九路軍被迫撤離上海，但戰爭的陰影仍籠罩在上海市民頭上。太炎與滬上愛國人士，爲了使十九路軍陣亡將士遺骨免遭不測和遭受凌辱，發起了爲十九路軍陣亡將士遷葬運動，太炎提議將烈士遺骨遷至廣州黃花崗辛亥七十二烈士墓區，與我國反清最大武裝起義——黃花崗起義的七十二烈士並葬，以表彰他們抗日的功績和教育後人，同時激發人們抗日的激情。他的倡議獲得了社會廣泛支持，終於使遷墓獲得成功。太炎親撰了〈十九路軍死難將士公墓表〉，勒石於墓前，高度贊揚十九路軍「功雖未成，自中國與海外諸國戰鬥以來，未有殺敵致果如是役者也」，今「度地廣州黃花崗之南，以爲公墓，遷而堋之」，他深信「繼十九路軍而成大業者，其必如武昌倡義故事」。從太炎支持十九路軍御敵一事來看，他早年的革命銳氣正在再現，他所寫的〈書十九路軍御日本事〉，有著當年爲鄒容作〈革命軍序〉的浩氣，他發起的十九路軍遷葬一事，尤同他早年發起的「支那亡國二百四十二周年」活動的遠見，充滿了愛國激情，雖然他的號召力已遠非如昔，但他拳拳之心和「烈士暮年，壯心不已」之情，是值得稱頌的。

---

⑱ 同⑰。

東北失守，華北垂危，上海吃緊，中華民族有亡國之危，太炎再也坐不住書齋，他決定北上面見張學良，憑著他元老的身份和民國後曾任東三省籌邊使與東省結成的特殊關係，而結識了張學良父子，以後與張學良一直保持著世叔侄般的親昵關係[59]，而代東南民眾促張學良出兵抗日。於是，太炎於一九三二年二月二十三日，動身北上。當時上海「一二八」戰火未熄，北上火車尚未通行，他迫不及待，冒著吳淞口紛飛之砲火，坐船前往青島，然後改乘火車抵北京。此次北上一共去了二個多月，到五月底回到上海。當時記者訪問了太炎，詢問北上之意圖和對時局的看法，他回答道：「此次來平，將分訪張漢卿、吳子玉諸氏」，「對日本之侵略，惟有一戰，中國目前只此一條路可走」[60]。張學良對太炎親赴北平，感情十分複雜，他與這位愛國老人有著忘年之交，他尊敬太炎，但又有難言之苦衷。張學良執子侄之禮親往花園飯店看望太炎。太炎見到張學良將一肚子火瀉了出來，在樓下等候的人士，只聽得太炎「大聲疾呼，聲震屋瓦」[61]。據說張學良「面對正直的民國元勳，他既無從申辯，又無法出兵，於是對太炎出示了蔣介石給他的不抵抗密令，以說明苦衷。據說這是張學良第一

---

[59] 詳見拙作〈章太炎忘年交少帥〉，載《張學良的往事和近事》，第一五六－一六二頁。

[60] 〈章太炎談時局〉，載天津《大公報》一九三二年三月八日。

[61] 劉文典〈回憶章太炎先生〉，載《文匯報》一九五七年四月十三日。

次向人透露這個密令，這時太炎感到無可奈何」了[62]。

太炎這次北上，是他一生中最後一次北上，他除了勸張學良出兵外，還在北京等地講學和演講，以歷史上的英雄人物和事件，來教育人們效仿先賢，激發民眾的愛國主義精神。有些青年在太炎言論教育下走上革命行列，作家魏金枝說，他當年即是在天津聽太炎演講後投入革命行列。太炎在青島對「行己有恥，博學於文」詳加論述，尤其對「恥」字發揮頗多，引證亦多，他說：「人能知恥方能立國，遇難而不抵抗卽爲無恥，因此知恥近乎勇」[63]。太炎在京又力促吳佩孚與張學良合作出兵抗戰，並書「元敬再生」橫聯貼在吳宅門首，啓迪吳佩孚堅持民族主義立場，太炎說：「不忍國家民族亡二百餘年，始自愛新覺羅氏手奪回，而復亡於大和民族之手」[64]，吳佩孚也請太炎爲他代書了一篇申討僞「滿洲國」及日本侵略者的檄文。在太炎影響下，曾做過許多錯事壞事的一代梟雄大軍閥吳佩孚終於沒有被日寇和漢奸拉下水。

一九三三年初，山海關淪陷，熱河省又兵臨城下，西北軍首腦馮玉祥特派代表到上海面

---

[62] 胡覺民〈湯國棃談章太炎〉。

[63] 〈章太炎昨日抵青島演講〉，載天津《大公報》一九三二年五月三十日。

[64] 郭劍林《一代梟雄——吳佩孚大傳》下卷，第六八〇—六八一頁。

見太炎，對太炎表示「拳拳服膺之意」，並致書太炎[65]。信稱：「自榆關陷落以來，華北之屏藩已撤，河朔數省隨時可爲東北三省之續。……倘有赴難之機，決不惜一切之犧牲也」。太炎對馮玉祥過去曾有芥蒂，而他對南京政府中第一個站出來表示抗日的馮玉祥，馬上表示歡迎，並盡釋前嫌，成爲好友。太炎回信道：「自榆關陷後，弟私念今日可與敵人一決雌雄者，惟兄一人」，希望他與張學良等聯合抗戰，稱「一線光明，令人有望」，信中對蔣介石的「攘外必先安內」政策予以強烈譴責，說：「外患方亟，而彼又託名剿共，隻身西上。似此情形，恐有如前清西太后所言『寧送朋友，不送家奴』」。這足見太炎心無私念，唯以國家利益與民族利益爲言行的最高準則。

三月初，太炎與馬相伯聯名致信給北平軍分委員長張學良，保薦馮玉祥出任熱河統軍，率軍御敵，信說：「今日之爭，餉械固應籌備，將帥尤在得人，聞宋院長（宋子文）到平，猶以迫馮玉祥南行爲務。不用之亦已矣，又從而絆其手足，這是何等心腸」？「二十年以來，軍人相忌，日尋干戈，以有今日，命已垂絕，猶作自壞長城之念，亦何心哉」？倆位老人向張學良保薦道：「以愚輩所見，今日能統十萬軍獨擋一面者，唯馮玉祥一人。……愚輩雖在草野，爲作保證而有餘矣」。張學良由於種種壓力和束縛，未能採納，致使熱河淪陷，

[65] 馮玉祥〈致章太炎書〉，見姜義華《章太炎思想研究》第六七六頁。

張學良作爲替罪羊也被迫辭職。

熱河之失，使太炎怒不可遏。三月七日，他毅然向全國軍民發出公開電，公然強烈譴責當局，這可以說是一個愛國老人的肺腑之言，讀來可感怦怦跳動的赤心。他說：「國民政府成立以來，勇於私鬥，怯於公戰，前此瀋陽之變，不加抵抗，猶謂準備未完，逮上海戰事罷後，邊疆無事者八九月，斯時正可置備軍械，簡練士卒，以圖最後之一戰，乃主持軍事者，絕不關心於此，反以『剿匪』名義，自圖卸責。馴自今日，熱河衅起，才及旬餘，十五萬軍同時潰退。湯玉麟委職潛逃，誠應立斬；而處湯之上者，或則退而不前，或則避地他適，論其罪狀，亦豈未減於湯。應請以國民名義，將此次軍事負責者，不論在南在北，一切以軍法判處，庶幾平億兆之憤心，爲後來之懲戒」[66]。

這時，太炎的哀樂完全與抗戰事業融爲一體了。

四月一日，太炎與馬相伯、沈恩孚聯合發表《三老宣言》，指出「惟有切實認清，以自力自助自救之意義，對於當前日本之侵略暴行，不僅不作消極之抵抗，同時更應動員全民族積極收復失地，根本消滅僞國」[67]。

---

[66] 章太炎〈呼籲抗日電〉，載《蘇州明報》一九三三年三月七日，「國民政府」幾字，刊印爲「□□□府」。

[67] 〈三老宣言〉，載《申報》一九三三年四月二日。

四月二十七日，太炎與馬相伯聞宋哲元等在喜峰口一帶攻敵有勝，便立即再次聯名通電鼓勵，但指出：「幸告當局諸公，勿幸小勝而忘大虞，勿狃近憂而勿遠慮」[68]。他又寫信給宋哲元，表示聲援，稱「近傳喜峰大捷，眉目爲開」，但「朝野蜚語亦多」，希望宋哲元不要理會，「身在閫外者，不得不以便宜從事矣」[69]，不要去理會這些干擾。太炎還特寫「楹語一聯，聊致悃款」，作爲對宋哲元的獎勵。

五月三十一日，太炎與馬相伯又聯名通電，表示對馮玉祥在張家口就任民眾抗日同盟軍總司令的支持，稱「執事之心，足以代表全國有血氣者之心；執事之言，足以代表全國有血氣者之言；執事之行，必能徹底領導全國有血氣者之行。某等雖在暮年，一息尚存，必隨全國民眾爲執事後盾」[70]。察哈爾抗戰因當局破壞而受挫，馮玉祥被迫辭職，太炎深表同情，立即致信慰問，說：「自察事結束後，華北形勢，愈走愈歧。主軍政者雖一意媚日，而日又不受彼之媚。南方則赤軍熾盛，當之輒敗」[71]。太炎從現實中認識到以蔣、汪爲首的當局，考慮的只是自身利益，爲了自己利益，傾力剿滅異己，然而共產黨不僅沒消滅，反而成爲抗

---

[68] 〈九四老人與章太炎電警國人毋幸小勝〉，載《申報》一九三三年四月二十八日。

[69] 章太炎〈致宋哲元書〉，手稿爲章氏家屬收藏，現據《章太炎選集》（注釋本）第六二八頁。

[70] 〈馬相伯、章太炎電勉馮玉祥〉，載《申報》一九三三年六月二日。

[71] 章太炎一九三三年十月十日〈致馮玉祥信〉，載《歷史檔案》一九八一年第二期。

日隊伍中的一支勁旅，這使太炎對成見很深的中共紅軍刮目相看，開始稱之「赤軍」。

從這以後，每當前線傳來捷報，他必致電祝賀，無論喜峰口之捷，還是古北之勝，並親爲《察哈爾抗日實錄》一書作序，贊頌一切有功於抗日的人和事。當他得知華北失守，危及南京時，便憤然作詩鞭撻，詩曰：「淮上無堅守，江心尚苟安。憐吾未窮功，更試出藍看」。短短一首詩，把當權者的消極抗戰嘴臉刻劃得淋漓盡致。這首詩的大意說：當權者在淮河不設防，一味實行不抵抗主義，結果輕易把中原丟失，還無動於衷，這些南宋小朝廷的無恥大臣，還在江心寺裡樂逍遙；可惜南宋這些當權者賣國伎倆不高，試看今日當權者，眞是青出於藍了。太炎這枝筆令當局又恨又惱，他們於是千方百計地限制對他言行的公開報導，並勾結小報，進行誣陷。

蔣介石對這位倔強的天不怕地不怕的民國元老，十分惱火，於是讓太炎的盟兄弟——國民黨中央要員張繼出面，來勸「大哥當安心講學，勿議時事」。太炎爲此十分憤慨，他固珍愛兄弟之情，但更愛祖國，更膺服眞理，於是憤然提筆作答，說：「吾老矣，豈好復好摘發陰私以示天下不廣？……吾輩往日之業，至今且全墮矣，誰實爲之？吾輩安得默爾而息也？」「五年以來，當局惡貫已盈，道路側目」，「棟折榱崩，吾輩亦將受壓，而弟欲使人人不言，得無效厲王之監謗乎？」⑫太炎最後說：我「年已耆艾，唯望以中華民國人民之名表吾墓道」，他反問張繼「誰使吾輩爲小朝廷之民者？誰使同盟會爲清名而被人揶揄嘲弄者？願弟明以教我」。這大義凜然的復信，表達了他錚錚骨氣和義無反顧之氣概。

日寇侵占東三省後，扶植傀儡溥儀建立僞「滿洲國」，把自己的侵略罪行，說成應「滿洲國」之求，而出兵東三省。蔣介石對外不作積極防禦，卻把希望寄託在歐美列強的干涉和「國聯」的仲裁。

一九三二年三月，「國聯」派出以李頓爲首的調查團來華調查中日事件，國民黨政府駐國聯代表顧維鈞也隨團同往。日寇對「國聯」的調查百般阻礙，甚至扣留調查團成員。太炎聞訊，立卽寫信給顧維鈞，要他學習洪皓、左懋第以死自矢，「犧牲一身，而可以彰日人之暴行，啓『國聯』之義憤，爲利於中國者正大」⑬，太炎又說：「服務外交者，非徒以辯論壇坫，亦當稍存節概，洪皓、左懋第或囚或殺，未嘗有悔」⑭，要顧維鈞以死相抗。太炎這一番話，似是「瘋話」不合人情，也令顧維鈞哭笑不得，但這是太炎肺腑之言，如果他處於

⑫ 章太炎一九三三年四月八日〈答張繼〉，載《章太炎選集》（注釋本），據章氏家屬藏稿。

⑬ 〈章太炎函顧維鈞請爲洪皓、左懋第〉，載天津《大公報》一九三二年四月十八日。

⑭ 同⑬。

顧維鈞這個地位，他也許確實會這樣說和這樣做的。

一九三三年二月，「國聯」在仲裁「滿洲國」事件時，日寇又胡說什麼東三省主權歷來屬於滿洲人所有，妄圖製造「滿洲國」獨立。日寇的謬論迷惑了一部份不知眞相的中外人士，致使「國聯」對於否認「滿洲國」一事沒有達成協議。這時，顧維鈞急電太炎，請教歷史上東三省主權的歸屬問題。太炎立即以他淵博的知識，撰文旁徵博引地論證了東三省主權歷來屬我中華，及敍述了滿族歷史的沿革，從而證明從來沒有什麼「滿洲國」，滿人在東三省只是極少數人的一個少數民族，並且已經與漢人同化，至於「古來歷史，漢時已有遼東（今錦州）、玄菟（今東邊道）二郡；明時亦設遼東都指揮司，駐瀋陽，是其地原爲中國內地，非同藩屬」[75]，有力地反駁了日寇企圖分裂我東三省的企圖。太炎還與馬相伯兩次發表聯合宣言（二月十日及十八日），論證和申言東三省及熱河均係我國主權，與「滿洲國」無關，並電告「國聯」所在地日內瓦，昭告世界。當時國內輿論說：太炎與馬相伯「爲中國第一流學者，聯合對外宣言，將能代表其數千弟子、名教授、科學家及教育界正服務者，爲擁護中國固有主權，向全世界作公正宣布，證明東三省當屬於中國」[76]。

[75] 〈馬相伯、章太炎聯合宣言〉，載《申報》一九三三年二月十日「本市新聞」。

[76] 同[75]。

太炎晚年完全與抗日救亡事業聯繫在一起，只要有益於抗戰的人與事，他總支持鼓勵，哪怕過去有過很大的偏見。當北平學生舉行聲勢浩大的請願遊行，遭到宋哲元彈壓，釀成「一二九」學運時，他立即致電宋哲元，責備宋哲元說：「學生請願，事出公誠，縱有加入共黨者，但問今日之主張如何，何論其平素？」[77]當上海學生舉行聲援「一二九」赴南京請願，火車行至蘇州遭阻，雨雪載途，困頓姑蘇，他立即「囑縣長饋食」，又讓湯夫人率章氏國學講習會代表持食品、水果去車站慰問愛國學生[78]，他向新聞界發表談話，對學生愛國運動深表同情，「認爲政府當局，應爲妥善處理，不應貿然加以共黨頭銜，武力制止」[79]。太炎這些言行，深深溫暖了愛國軍民的熱腸，他不愧爲一位傑出的愛國主義者。在他的精神感召之下，許多同胞走上了革命道路，其中有不少是他的弟子與學生，如他的四大弟子之一的吳承仕——著名的經學大師，竟也與學生一起參加「一二九」學運，後竟加入共產黨；學生葉芳炎，在民族危亡之際，也毅然棄文參加新四軍，成爲陳毅的助手。太炎從反共到容共，最後接受國共合作，建立聯合抗戰主張，在他去世前十天，蔣介石寫信給他，虛心請教太炎

[77] 湯志鈞〈章太炎發電支持一二九學生運動〉，上海《文史資料選輯》一九八二年第三輯，第七二頁。

[78] 詳見拙作〈章太炎先生晚年與抗日戰爭〉，載《中華英烈》一九八七年第一期，第一四—一九頁。

[79] 一九三五年十二月二十六日《申報》「本埠新聞」。

對時局的建議，太炎頗爲感動，便在覆蔣介石的一封信中，竟建議蔣介石將察哈爾一省「交付共黨」，因爲共黨「對於日軍，必不肯俯首馴伏明甚」，要求將中共及紅軍「姑以民軍視之」⑧⓪。這些錚錚諤諤之言，反映了太炎膺服眞理和大公無私。

「九一八」與「一二九」後的太炎，除了奔走呼籲抗日外，更致力於傳播「國學」，從事講學，他說：「僕老，不及見河淸，唯有悖誨學人，保國學於一線而已」⑧①。的確，國難當頭，年逾六十五歲的太炎，多病體弱，無法持槍赴沙場，唯有用他豐富的學識，將「國學」——民族的根，傳播於青年學子，讓愛國主義的意識，深深埌於青年的心上。

一九三二年三月二十四日，太炎於北京燕京大學講〈論今日切要之學〉。三月三十一日在北京師範大學講〈淸代學術之系統〉。

九月二十一日，在江蘇省立蘇州中學講〈經義與治事〉。十月在蘇州講〈文章流別〉、〈大學大義〉、〈儒行要旨〉、〈儒行大意〉。

一九三三年三月十四日在無錫國學專門學校講〈國學之統宗〉。三月十五日在無錫師範學校講〈歷史之重要〉、〈春秋三傳之起源及其得失〉。十月二十二日在無錫國學專門學校

⑧⓪ 詳見拙作〈太炎先生的最後文字與活動〉，載《民主》一九九〇年第八期。

⑧① 章太炎一九三二年十月六日〈致馬崇霍信〉，載《章太炎年譜長編》第九二四頁。

講〈適宜今日之理學〉。

該年十月起，太炎每周在蘇州講學一次，內容有〈講學大旨與孝經要義〉、〈民國光復〉、〈儒家之利病〉、〈讀史與文化復興之關係〉、〈喪服概論〉、〈孝經大學儒行喪服餘論〉、〈述今古文之源流及其異同〉……等等數十篇。

太炎自一九三三年一月，於蘇州與金天翮、陳衍、李根源、張一麐等發起成立「國學會」，太炎親撰〈國學會會刊宣言〉，後常應蘇州「國學會」邀請赴吳講學，講學地點在大公園的吳縣圖書館、蘇高中、滄浪亭的省圖書館、青年會等地，闡發范仲淹和顧炎武的「名節厲俗」和「行己有恥」，很多人去聽他的講學，頗有少長咸集，羣賢畢至的氣氛使太炎很滿意，認爲吳中「民風尚淳」，是講學與傳播國學的理想之地，遂起念遷居蘇州。

太炎晚年再次提倡國學，甚至再次創辦「章氏國學講習會」，聚眾講學，這是繼在日本和北京之後，第三次辦的「章氏國學講習會」；同時創辦《制言》雜誌社，這是繼《華國月刊》後的一份傳播國學的雜誌。太炎力圖「保國學於一線」，甚至鼓吹〈論讀經有利而無弊〉，受到社會批評。幾十年來，他一直被指責爲從思想解放的先鋒，墮落爲「頑固保守」的「復古派」，一個典型的「文化保守主義者」——成爲「落伍」的代名詞，一個守舊的多烘先生，「四人幫」時代則把他描繪成典型的「半截子革命家」——跟不上時代、牢騷滿腹的落伍者。的確，太炎早年曾致力對傳統的批判與反思，力圖突破傳統思想的束縛，去接受新思想新文化新國體，他與康有爲等被同譽爲「先進的中國人」，然而，他的晚年，目睹過份的西化，很多學人趕時髦，簡單地效仿西方，「稗販泰西，忘其所自，得草碟以爲至寶，而顧自賤其家珍，或有心知其非，不惜曲學以阿世好」，他們以反傳統爲時髦，認爲只要把西學搬入中國，把舊學扔出門外，中國就可以跟西洋一樣現代化了，加上日寇侵華戰爭，外寇入侵國有覆滅之虞，整個傳統面臨覆滅的危機。太炎憂國將亡，力保國性不失，所以他從早年反傳統到晚年的維護傳統。太炎一生受歷史影響甚巨，終身維持國粹，旨在保全中國文化的特性，他強調每一種文化都具有特殊性格，不必也不應與別種文化同化，如果不尊重一國文化的特性，要以一種文化去同化另一種文化，乃是「文化帝國主義」。因此，太炎畢生提倡國學，他把諸子學、文史學、制度學、內典學、宋明理學，統稱爲國學，並非僅僅是六經、十三經之意。他的晚年，一有外侵滅華之危，二有全盤西化之虞，使他深感國未亡而學先亡之感，於是大聲疾呼維護固有文化，強調保存歷史、語言與風俗的重要，他說：「經學不廢，國性不亡，萬一不幸，蹈宋明之覆轍，而民心未死，終有祀夏配天之一日」，其宗旨乃在保持中國文化的特性。所以太炎晚年，在國家生死存亡關口，以自己淵博的知識講授國學，啓廸青年愛國之心，以達到救亡圖存的目的，是有特別寄意。

細緻推敲一下太炎晚年講授的國學，與早年講授的國學，內容是不相同的，可見他講學內容不是純粹的國學，而是皆有寄意，隨時而變。晚年他重點宣揚的是〈孝經〉、〈大學〉、〈儒行〉、〈喪服〉。他說：「國學不尚空言，要在坐而言者，起而可行。十三經文繁義賾，然其總持則在〈孝經〉、〈大學〉、〈儒行〉、〈喪服〉。〈孝經〉以培養天性；〈大學〉以綜括學術；〈儒行〉以鼓勵志行；〈喪服〉以輔成禮教。……經術之歸宿，不外乎是矣」[82]。他又說：「歷史卽是帳簿、家譜之類，持家者亦不得不讀也」，「家譜、帳簿，束置高閣，四萬萬人都不知國家之根本何在，失地千里，亦不甚惜，無怪其然也。日本外交官在國聯盟會稱東三省本是滿洲之地，中國外交官竟無以駁正，此豈非不看家譜帳簿而不知舊有之產業乎」[83]！總之，太炎晚年講學，有著豐富的內涵和現實意義，不宜簡單地否定，値得深入去研究和分析。

一九三四年初，太炎決定遷居蘇州，致力講學，他感到傳播國學蘇州優於上海，而且書肆書源豐富，於是託人在蘇州購房。有人便向他介紹了蘇州胥門內侍其巷一幢舊宅，這舊宅適翻修一新，「當太炎至侍其巷看屋時，一見門面嶄新軒昂，便說：『有樓』；又見後園甚

[82] 章太炎〈歷史之重要〉，一九三三年三月十五日於無錫師範學校演說詞。
[83] 同[82]。

大，便說：『有園』；還見有大樸樹兩株，就說：『還有樹』。當即以『名園易傳，古木難求』，表示滿意，並謂在前面的廳堂修復後可題名『雙樹草堂』。結果被要價二萬四千元成交，賣屋者得原價二千四百元，尚有二萬一千六百元，全部由中間人朋分。太炎非但不知受愚，而且頗爲得意」[84]。

太炎對於生活上瑣事就是如此一竅不通，就像魯迅說：「太炎對於闊人要發脾氣，可是對青年學生卻是很好，隨便談笑，同家人朋友一般」。和這樣事例一樣，太炎身上充滿許多有趣的矛盾。又如陳存仁說：「先生秉性孤鯁，尤好譏評顯達，惟對後進，獎掖備至，至於朋友，友誼篤厚」，無論新交舊識，不論富寒慧愚，或地位高低，年齡大小，甚至下人，他總毫無架子，有問必答，有信必覆，誨人不倦，從不擺名人或權威的架子，這在半殖民地半封建的中國，是多麼難能可貴的屬性。在文明程度很高的今天，太炎的人品，迄然是一面精神文明的旗幟，是他許多政敵欲詆毀他而無從詆毀的。

侍其巷的房屋非但座東朝北，結構老朽，且無後門進出，旁有一織布廠終日機聲喧耳，太炎夫人只得另覓一處住房。時適有錦帆路五十號有一幢西式住房建成，而主人突然要遠

---

84 胡覺民〈湯國梨談章太炎〉，載《上海文史資料選輯》一九八二年第三輯。

行，便將這二幢住宅以建築價賣給太炎。太炎夫婦便於一九三四年春，正式從上海遷至蘇州定居，離開了他生活、戰鬥、工作了大半輩子的上海——這留下他無數記憶和眷情的第二故鄉，這沉浮三十多春秋的地方，這起於斯長於斯的大上海——一個深不可測的海！

太炎離開上海後，忙於辦學，勤於編著，再也沒有回過上海。

二年後，一九三六年六月十四日，他病逝於蘇州。

他沒有看到抗戰的最後勝利，他立遺囑曰：「設有異族入主中夏，世世子孫毋食其官祿」[85]。他囑家人將他安葬到家鄉杭州，傍抗清民族英雄張蒼水而葬，與張蒼水地下爲隣，共述興亡，迎探抗戰勝利曙光[86]。太炎——無愧祖國和人民的忠實兒子，他到生命最後一刻，依然充滿對祖國對同胞熾熱的愛和無限的忠誠！

太炎去世後，當局發布了「國葬令」，稱「宿儒章炳麟，性行耿介，學問淹通。早歲以文字提倡民族革命，身遭幽繫，義無屈撓。嗣後抗拒帝制，奔走護法，備嘗艱險，彌著堅貞。居恆研精經術，抉奧鉤玄，究其詣極，有逾往哲。所至以講學爲事，巋然儒宗，士林推重。茲聞溘逝，軫惜實深！應即依照國葬法，特予國葬。生平事蹟存備宣付史館，用示國家

---

[85] 繆篆〈弔餘杭先生文〉，載《制言》第二十四期，一九三六年九月一日出版。

[86] 詳見拙作〈章太炎營葬始末〉，載《上海文史資料選輯》一九八二年第二輯。

崇禮者宿之至意」[87]。僅僅將太炎當作「宿儒」「儒宗」視之，對他創立民國的革命業績，淡淡帶過，而以後的國民黨黨史則將他的革命史乾脆抹去，至於無產階級政權的中共則到「文革」後才肯定他的歷史地位，可謂身後蕭條冷落。

一九三六年七月十八日，上海舉行太炎追悼會，地點在南京路胡社，「輓聯、輓對，掛得琳瑯滿目，不啻是一個書法展覽會，各機關、各學校、各團體、各個人都送了花圈、輓聯，預備在大型報上出出風頭」[88]，而到公祭時間，可容千人的禮堂，只到了「不滿百人」，只好「勉強開會」[89]，由蔡元培臨時充當主席。

魯迅有感於此，寫下了〈關於太炎先生二三事〉，說：「前一些時，上海的官紳爲太炎先生開追悼會，赴會者不滿百人，遂在寂寞中閉幕，於是有人慨嘆，以爲青年們對於本國的學者竟不如對於外國的高爾基的熱誠。這慨嘆其實是不得當的。」，「高爾基是戰鬥的作家，太炎先生雖先前也以革命家現身，後來卻退居於寧靜的學者，用自己所手造的和別人所幫造的牆，和時代隔絕了」[90]。魯迅指出，「近有文倫，勾結小報，竟也作文奚落先生以自鳴得

---

[87] 一九三六年七月十日《中央日報》。

[88] 〈章太炎追悼會內參加的寥無幾人〉，載《社會日報》一九三六年七月二十二日。

[89] 同[88]。

[90] 魯迅〈關於太炎先生二三事〉，《魯迅全集・且介亭雜文末編》。

意，眞可謂『小人不欲成人之美』，而且『蚍蜉撼大樹，可笑不自量』了」[91]，因此魯迅強調：「我以爲先生的業績，留在革命史上的，實在比在學術史上還要大」，「戰鬥的文章，乃是先生一生中最大、最久的業績」，「考其生平，以大勳章作扇墜，臨總統府之門，大詬袁世凱的包藏禍心者，並世無第二人；七被追捕，三入牢獄，而革命之志，終不屈撓者，並世亦無第二人：這才是先哲的精神，後生的楷範」[92]。魯迅的文章完全是針對當局而言的，有相當大的代表性。魯迅寫了此文，仍感言猶未盡，便再寫了〈因太炎先生而想起的二三事〉，這成爲了魯迅的絕筆，也是他生前唯一沒有寫完的一篇文章。

太炎逝世噩耗傳到江西蘇區中，正在贛南從事游擊戰的陳毅，在極其艱苦的戰爭環境中，充滿深情地寫了一首悼念太炎的詩，詩云：「樸學眞髓辨華夷，轉俗成眞夕向俗。漫罵天下瘋人慣，曉歲緘默恨有餘」[93]。頗切太炎晚年眞況，尚屬知者之言。

中共領導的報刊，如鄒韜奮的《生活日報》及吳玉章的巴黎《救國時報》，都發表了社論。《生活日報》稱：「我們對太炎先生特別致敬的，是他最近的言論。……他在致宋哲元

---

[91] 同[90]。

[92] 同[90]。

[93] 《餘杭史志》一九九二年十一月二十日，總三十九期，原件藏中國人民革命軍事博物館。

將軍的電中，已說出他的主張：放棄成見，共同救已，不應隨便加學生以紅帽子。現在太炎先生死了，但恨他不能在當前救亡運動中再給我們以助力」[94]。《救國時報》稱：「日寇正藉口反共而進攻我國，蔣介石正藉口反共而極力破壞全國人民統一救國戰線，宋哲元正藉口反共而秉承日寇，摧殘愛國青年，在國民黨統治之下受著壓迫而寂處已久的先生，再也按捺不住他的義憤，竟然以國學之大師，作獅子之巨吼。……先生的這一態度，正是我們今日全國團結的必要的態度，先生的這一主張，正是我們今日抗日救國的正當主張，老成謀國，我們可以想見他是如何地以國家利益爲前提」[95]。

國民黨當局上從蔣介石，下自縣市長，也都發電弔唁太炎。

蔣介石唁電稱：「驚悉太炎先生溘逝，碩賢遽殞，學術有淪喪之懼，痛悼實深。」

林森唁電稱：「驚聞太炎先生因病逝世，駭惋莫名，先生儒宗學海，並世罕儔，一旦摧頹，羣流安仰」。

于右任唁電稱：「驚悉太炎先生逝世，痛悼萬狀，伏念先生生應山河之運，學兼黃顧之長，以明經作人倫師表，以治史樹民族精神，方祈廣厦宏開宗風遠暢，不意尼山一涕鬱此國

[94] 香港《生活日報》：〈悼太炎先生〉，一九三六年六月十六日。
[95] 巴黎《救國時報》：〈悼章太炎先生〉，一九三六年七月八日。

哀」。

張羣唁電稱：「太炎先生革命先進，國學大師，天不憖遺，山頹梁壞，驚聞噩耗，愴痛如何」。

張學良唁電稱：「驚聞太炎先生忽歸道山，哲人其萎，倚梁棟以何從，經術方衰，撫簡編而空往」。

楊虎城唁電稱：「驚悉太炎先生道山歸去，靈光忽圮，痛失儒宗，邦瘁人亡，士林安仰」。

蔡元培輓聯云：「後太冲炎武已二百餘年驅韃復華竊比遺老，與曲園仲容兼師友風義甄微廣學自成一家」。

馮玉祥輓聯云：「名已震耀千秋顧怪歸奇公並擅，天不憖遺絕筆自傷周道息」。

歐陽竟無輓聯云：「一木難支烈士暮年唯講學，百憂尚寐桐江漢鼎孰垂綸」。

太虛法師輓聯云：「佛乘自昔尊開士，國學於今失大師」。

閻百川輓聯云：「海內通儒浙西一士，文高皇漢心雄萬夫」。

黃復生輓聯云：「一片孤忠風景猶不殊蒿目騎箕歸上界，千秋絕學滄桑經幾變傷心仰斗失宗師」。

林尹輓聯云：「千秋絕學百代儒宗尊夏攘夷公有殊勳光漢族，世難方殷哲人遽逝山頹木壞天何不弔喪斯人」。

馬裕藻、許壽裳、吳承仕、周作人、沈兼士、錢玄同等弟子同輓云：「素王之功不在禹下，明德之後必有達人」。

輓聯最長的要算錢玄同一聯，云：「纘蒼水寧人太冲薑齊之遺緒而革命蠻夷戎狄矢志攘除遭名捕七回拘幽三載卒能驅逐客帝光復中華國土云亡是誠宜勒石紀勳鑄銅立像，萃莊生荀卿子長叔重之道術於一身文史儒玄殫心研究凡著書二十種講學卌年期欲擁護民彝發揚族性昊天不弔痛從此微言遽絕大義無聞」。

最有不平之詞的輓聯係方於笥所撰，云：「論功為民國元勳未嘗有祿位尊榮見，立義與中山並重而能以文章德行傳」。

寫得最眞切並為世所傳的二條輓聯係馬相伯、張菊生所撰。馬相伯輓聯云：「代人民說公道話替黨國講正經語卓哉君乎安可死，言文學似黃棃洲論品行如顧寧人髦矣我也得毋傷」。張菊生輓聯云：「無意求官問天下英雄能不入彀者有幾輩，以身試法為我國言論力爭自由之第一人。」

這些文章、唁電、輓聯等等，一定程度反映了對太炎的評價，太炎的功過是非，身後哀榮，半個多世紀來，爭論不絕，可幸的是，他的業績，他的思想，他的學說，愈來愈爲世所重，受人所珍。從這一點說，歷史是最公平的評判員。

在他誕辰一百二十周年，逝世五十五周年之際，上海各界人士於一九八九年一月十二日在上海爲他舉行了隆重的紀念會，紀念這位在上海史上留下光輝一頁民主革命的先驅——太炎先生，這是他逝世以來上海人民爲他舉行的第一次紀念會。上海人民終究沒有忘記他——這是人民的紀念。

太炎從一八九三年春離開杭州詁經精舍第一次來到上海，從此與上海結下不解之緣，到一九三四年春離開上海遷居姑蘇，近四十年中大部份光陰是在上海度過的，在上海沉浮三十餘春秋，黃浦江水哺育了他，他又爲上海史留下了光榮的一頁。上海在他一生中占有任何地方都不能相比的地位，上海是他的第二故鄉，他是上海人的好兒子。從他在上海走過的彎彎曲曲的近三十春秋的歷程，使我們看到一個舊民主主義者，一個資產階級的民族主義者，一個赤誠的愛國主義者，一個毫無媚骨的中國知識分子，在尋求民族解放和祖國繁榮的道路上，歷程是何等艱辛沉重和曲折漫長。太炎的一生，充滿不幸，充滿遺憾，也充滿追求，這大概是追求者必付的代價。拙文如果有助於了解太炎在上海的種種經歷乃至他的一生，從而從一個側面了解上海史乃至近代史，從太炎種種不幸中得到教訓與啓示，然而讓我們變得更清醒理智，而使我們的子孫再也不要有那麼多的苦難，讓我們的祖國再也不要有那麼多的刼難，而明智地去選擇二十一世紀——中國人的生活方式和政治道路，那麼，我將心懷感激。

我想，這是我，我的拙作，也是太炎，能夠再次回報哺育過他也哺育了我的——生生不息的上海。

初稿寫成於一九九三年九月十三日

繕清改定於一九九四年二月十六日

三民叢刊書目

①邁向已開發國家　孫　震著
②經濟發展啓示錄　于宗先著
③中國文學講話　王更生著
④紅樓夢新解　潘重規著
⑤紅樓夢新辨　潘重規著
⑥自由與權威　周陽山著
⑦勇往直前　・傳播經營札記　石永貴著
⑧細微的一炷香　劉紹銘著
⑨文與情　琦　君著
⑩在我們的時代　周志文著
⑪中央社的故事(上)　・民國二十一年至六十一年　周培敬著
⑫中央社的故事(下)　・民國二十一年至六十一年　周培敬著
⑬梭羅與中國　陳長房著
⑭時代邊緣之聲　龔鵬程著
⑮紅學六十年　潘重規著
⑯解咒與立法　勞思光著
⑰對不起，借過一下　水　晶著
⑱解體分裂的年代　楊　渡著
⑲德國在那裏？(政治、經濟)　・聯邦德國四十年　郭恆鈺 許琳菲等著
⑳德國在那裏？(文化、統一)　・聯邦德國四十年　郭恆鈺 許琳菲等著
㉑浮生九四　・雪林回憶錄　蘇雪林著
㉒海天集　莊信正著
㉓日本式心靈　・文化與社會散論　李永熾著

㉔臺灣文學風貌　李瑞騰著
㉕干儛集　黃翰荻著
㉖作家與作品　謝冰瑩著
㉗冰瑩書信　謝冰瑩著
㉘冰瑩遊記　謝冰瑩著
㉙冰瑩憶往　謝冰瑩著
㉚冰瑩懷舊　謝冰瑩著
㉛與世界文壇對話　鄭樹森著
㉜捉狂下的興嘆　南方朔著
㉝猶記風吹水上鱗
·錢穆與現代中國學術　余英時著
㉞形象與言語
·西方現代藝術評論文集　李明明著
㉟紅學論集　潘重規著
㊱憂鬱與狂熱　孫瑋芒著
㊲黃昏過客　沙究著
㊳帶詩蹺課去　徐望雲著

㊴走出銅像國　龔鵬程著
㊵伴我半世紀的那把琴　鄧昌國著
㊶深層思考與思考深層
·轉型期國際政治的觀察　劉必榮著
㊷瞬間　周志文著
㊸兩岸迷宮遊戲　楊渡著
㊹德國問題與歐洲秩序　彭滂沱著
㊺文學關懷　李瑞騰著
㊻未能忘情　劉紹銘著
㊼發展路上艱難多　孫震著
㊽胡適叢論　周質平著
㊾水與水神
·中國的民俗與人文　王孝廉著
㊿由英雄的人到人的泯滅
·法國當代文學論集　金恆杰著
(51)重商主義的窘境　賴建誠著
(52)中國文化與現代變遷　余英時著

53 椽溪雜拾　思果著
54 統一後的德國　郭恆鈺著
55 愛盧談文學　黃永武著
56 南十字星座　呂大明著
57 重疊的足跡　韓秀著
58 書鄉長短調　黃碧端著
59 愛情・仇恨・政治
・漢姆雷特專論及其他　朱立民著
60 蝴蝶球傳奇
・真實與虛構　顏匯增著
61 文化啓示錄　南方朔著
62 日本這個國家　章陸著
63 在沈寂與鼎沸之間　黃碧端著
64 民主與兩岸動向　余英時著
65 靈魂的按摩　劉紹銘著
66 迎向眾聲
・八〇年代臺灣文化情境觀察　向陽著
67 蛻變中的臺灣經濟　于宗先著
68 從現代到當代　鄭樹森著
69 嚴肅的遊戲
・當代文藝訪談錄　楊錦郁著
70 甜鹹酸梅　向明著
71 楓香　黃國彬著
72 日本深層　齊濤著
73 美麗的負荷　封德屏著
74 現代文明的隱者　周陽山著
75 煙火與噴泉　白靈著
76 七十浮跡
・生活體驗與思考　項退結著
77 永恆的彩虹　小民著
78 情繫一環　梁錫華著
79 遠山一抹　思果著
80 尋找希望的星空　呂大明著
81 領養一株雲杉　黃文範著
82 浮世情懷　劉安諾著
83 天涯長青　趙淑俠著
84 文學札記　黃國彬著

⑮訪草（第一卷）

陳冠學 著

本書是作者於田園生活中所見所感之作，內有田園畫，有家居圖，有專寫田園聲光、哲理的卷軸。喜愛大自然田園清新景象的讀者，將可從中獲得一份未曾預期的驚喜與滿足；另有一小部分有關人性與人生哲理的文字，則會句句印入您的心底。

⑯藍色的斷想

・孤獨者隨想錄

A・B・C全卷

陳冠學 著

本書是作者暫離大自然和田園，帶著深沈的憂鬱面對人世之作。一路上你將有許多領略與感觸，時或有天光爆破的驚喜；但多數時候，你的心頭將披著一襲輕愁，甚或覆著一領悲情。這是悲觀哲學，卻是被熱情、關心與希望融化了的悲觀哲學。

⑰追不回的永恆

彭歌 著

本書是《聯合報》副刊上「三三草」專欄的結集。作者以其犀利的筆鋒，對種種社會現象痛下針砭，冀望這些警世的短文，能如暮鼓晨鐘般，在這變亂紛乘的時代，起著振聾發聵的作用。

⑱紫水晶戒指

小民 著

俗世間的珍寶，有謂璀燦的鑽石碧玉，有謂顯榮的列鼎封侯。其實生活就是人生最美的寶物，不假外求。非常喜愛紫色的小民女士，以她一貫親切、自然的文筆，輯選出這本小品，好比美麗的紫色禮物，要獻給愛好文學也愛好生活的您。

⑱心路的嬉逐

劉延湘 著

本書筆調清新幽默，論理深刻而又能落實於生活踐履。走一趟作者精心安排的「心路」之旅，您將莞爾一笑，心情頓時開朗。而您也將發現，原以為只是一條山間小路，結果卻是風景優美，鳥語花香的舒坦大道。

⑲情書外一章

韓秀 著

情與愛是人類謳歌不盡的永恆主題，它為空虛貧乏的現代生活加添了無數的色彩。本書記錄下了作者在日常生活中感受到的親情、愛情、友情及故園情，在書中點滴的情感交流裡，在這些溫馨的文字中我們是否也能試著尋回一些早已失去的東西。

㉑情到深處

簡宛 著

本書是作者旅美二十五年後的第二十五本結集。身為一個教育家，作者以其溫婉親切的筆調，寫出篇篇充滿溫情的佳構，不惟感動人心，亦復激勵人性。將愛、生活與學習確實的體驗，眞正感受到人生的有情，生命也因此生意盎然。

㉒父女對話

陳冠學 著

一位老父與五歲幼女徜徉在山林之間，山林蓊鬱，山泉甘冽，這裡自有一份孤獨的甘美。本書是記述作者父女在人世僻靜的一個角落，過著遺世獨立的生活的文字畫。舉世滔滔，這應是一面明鏡，堪供讀者對照。

⑨③陳冲前傳

嚴歌苓 著

在好萊塢市場，多少人一夜成名直步青雲，又有多少人一朝雲中跌落從此絕跡銀海。身爲一個中國人，陳冲是經過多少奮鬥與波折，身爲一個聰慧多感的女子，她又是經過多少的心路激盪，才能處於這洶湧波濤中。本書將爲您娓娓道出陳冲的故事。

⑨④面壁笑人類

祖慰 著

本書是有「怪味小說派」之稱的大陸作家祖慰，在巴黎面壁五年悟得的佳構。他的散文神遊八荒，情貫萬里，將理性的思維和非理性的激情雜揉一起。讀其作品既能吸收大量的科普知識，又可汲取其飄逸文風的美感享受。

⑨⑤不老的詩心

夏鐵肩 著

夏先生一生從事文化工作，大半心力都用在鼓勵培植有潛能的青年人，助他們走上文學貢獻之路。而他本身亦創作出不少的長短佳文。本書收錄計有：詩詞小品、散文、方塊評論等。作者一顆不老的詩心，洋溢在篇篇佳構中。

⑨⑥雲霧之國

合山究 著

使中國風土之特殊性獨具一格的，與其說是天地的廣大，不如說是因塵埃、雲煙等而爲之朦朦朧朧的自然空間吧！精氣、神仙、老莊、龍、山水畫、奇書等，其產生是有如何玄妙的根源啊！就以「雲霧」爲起點，讓我們一起走進這美麗幻夢般的世界。

⑰北京城不是一天造成的

喜樂 著

打從距今七百五十多年前開始，北京城走進歷史的繁華紛亂。現在，且輕輕走進史册中尋常百姓的那頁，一盞清茶、幾盤小點，看純中國的挿畫、尋純中國的足跡。由博學多聞的喜樂先生做嚮導，就讓你我在古意盎然中，細聆歲月的故事。

⑱兩城憶往

楊孔鑫 著

霧裡的倫敦、浪漫的巴黎，除此之外，這兩城你可還留有其他印象。本書是作者派駐歐洲新聞工作二十多年的記錄。透過作者敏銳的筆觸，且讓讀者徜徉在花都、霧城的政經社會、文化藝術、風土人情以及歷史背景中。

⑲詩情與俠骨

莊因 著

一顆明慧的善心與眞摯的情感，經過俠骨詩情的鑄煉，將生活上的人情世事，轉化爲最優美動人的文句，呈現出自然明朗灑脫的風格。文學對於作者而言，不僅是興趣，更是他的生命，但他不泥古而創新，在其文章中俯首可拾古典與現代的完美融合。

⑳文化脈動

張錯 著

「我是一個文化悲觀者，因爲我個人一直堅持某種希臘式的古典禮範，而這種文學或文化古典禮範，已日漸有如夫子當年春秋戰國的禮崩樂壞。」作者就是以這顆悲憫的心，用詩人敏銳的筆觸，深刻而熱切的批判著臺灣的文化怪象。

⑩桑樹下

繆天華 著

本書是作者在斗室外桑樹蔭的綠窗下寫就的小品散文。作者試圖在記憶的深處，尋回那些感人甚深的、發人深省的、或者趣味濃郁的人文逸事，不惟激勵讀者高遠的志趣，亦能遠離消沈、絕望的深淵。

⑩牛頓來訪

石家興 著

本書爲作者三十多年來從事科學工作的心情寫照，包括思想、報導、論述、親情、遊記等等。文中處處流露出作者對科學的執著與熱愛，及超越科學之外的人文情懷，篇篇清新雋永，理中含情，情中有理，爲科學與文學的結合，作了一番完美的見證。

⑩深情回眸

鮑曉暉 著

作者生長在一個顛沛流離的時代，雖然歷經千辛萬苦，但行文於字裏行間，卻不見怨天尤人；有的只是對以往和艱苦環境奮鬥的懷念及對現今生活的珍惜，以及世間人事物的觀照及關懷。做爲一本懷舊之作，或是清新的生活小品，本書皆爲上乘之作。

⑩新詩補給站

渡也 著

你寫過新詩嗎?你知道如何寫一首具有詩味的新詩?本書是由甫獲得「創世紀四十周年創作獎」的詩人兼詩評論家渡也先生，深入而精闢的剖析一首新詩的形成過程，指導初學者從如何造簡單句到如何寫出一首詩，是一本值得新詩愛好者注意的書。

105 鳳凰遊

李元洛 著

一生從事古典與現代詩論研究的大陸學者李元洛先生，如何在放下嚴肅的評論之筆，轉而用詩人細膩的筆觸，摹寫山水大地的記行，以及人生轉蓬的寄悵，書中句句是箴語、處處有眞情，值得您細品。

106 文學人語

高大鵬 著

忙碌的社會分散了人們的注意力、淡化了人們對身旁人事物的感情，任由冷漠充塡在你我四周……而本書的作者以感性的筆觸，表達了自己對身旁人事物的眞心關懷，以平實的文字與讀者分享所遇所感，無疑是給每個冷漠的心靈甘霖般的滋潤。

107 養狗政治學

鄭赤琰 著

身處地理、政治環境特殊的香港，作者藉由動物的百態來反諷社會上種種光怪陸離的政治現象，在其輕鬆幽默的筆調背後，同時亦蘊含了嚴肅的意義。這一則則的政治寓言，讀之不僅令人莞爾一笑，更具有發人深省的作用，批判中帶有著深切的期盼。

108 烟塵

姜穆 著

作者是一位出生於貴州的苗族人，卻意外的捲入戰爭。在臺娶妻生子後，所抒發對戰亂、種族及親人的眞誠關懷。內容深沈、筆觸清新，充分顯露在生活的烈焰煎熬下，早已視一切如浮雲，淡泊名利，將其一生的激越昂揚盡付千里烟塵中。

⑩河　宴

鍾怡雯　著

人間繁華的請柬處處，不如赴一場難得的野宴。聽一回水的演奏、看一場山的表演，再來細細品味鍾怡雯爲您端出來的山野豐盛清淡的饗宴——極盡可口的綠、十分道地的藍，以及不加調味料的白。

⑩滬上春秋

章念馳　著

章太炎，這位中國近代史上的思想家、政治家，曾因領導戊戌變法失敗而流亡海外。他雖是浙江餘姚人，卻有大半輩子的歲月是在上海度過。本書是由章太炎的嫡孫章念馳先生，從家族的口述和史料中，完整的敍述章太炎的這段滬上春秋。

⑪愛廬談心事

黃永武　著

每個人心中都有一枝彩筆，然而在趕遠路、忙上班的歲月裏，枕頭上的日升月降中，像拋來擲去的跳丸，彩筆就這樣褪去了顏色……本書作者在辭去沈重的教職和繁雜的行政工作後，重拾心中的彩筆，爲您宣說一篇篇的文學心事。

⑫吹不散的人影

高大鵬　著

時代替換的快速，不知替換了多少人生舞臺上出現刹那的面孔；而人類，偏又是最健忘的族群。本書中所收錄的文章，均是作者用客觀的筆，爲曾替人類社會或文化默默辛勤耕耘的「園丁」們，做最眞實的文字記錄。

⑪³草鞋權貴

嚴歌苓 著

曾經叱吒風雲的老將軍，是程家大院的最高權威，九個承繼他刁鑽聰明的兒女，則個個心懷鬼胎……一個來自鄉下的伶俐女孩，被命運的安排，走入這權貴世家。威權的代溝、情份的激盪、所有內心的驕傲與傷痛，這會是怎樣的衝突，怎樣的一生？

⑪⁴是我們改變了世界

張 放 著

從事文學藝術的工作者是「人類靈魂的工程師」。如果作家不能提高廣大讀者的精神生活品質，而僅爲娛樂人心、滿足人們的好奇和刺激。那麼與馬戲團的小丑或兜售春藥的小販何異？故而作者不禁要問：是我們改變了世界，還是世界改變了我和你？

⑪⁵夢裡有隻小小船

夏小舟 著

日本人參加婚禮愛穿黑色、日本料理味輕單調、日本人性格分ABCD、還有情書居然可以賣……於日本教書的大陸作家夏小舟，在本書除了告訴你作者旅日的見聞趣事外，也且隨她乘坐那夢裡的小小船，航行向那魂縈夢遷的故國灣港中。

⑪⁶狂歡與破碎

林幸謙 著

你可曾聽過溯河魚的傳統？憑著當初離開河源的記憶，激勵著牠們回到了河川盡頭的故鄉。寧願冒著生命的危險，也不願成爲溫暖海洋中的異鄉客。本書作者由溯河魚的傳統，引入海外華人的悲調，一種狂歡與失落、破碎而複雜的心靈面貌。

國立中央圖書館出版品預行編目資料

滬上春秋：章太炎與上海／章念馳著.
--初版.--臺北市：三民，民84
面；　公分.--(三民叢刊；110)
ISBN 957-14-2209-6（平裝）

1.章炳麟—傳記

782.882　　　　84001341

 滬　上　春　秋

——章太炎與上海

著作人　章念馳
發行人　劉振强
著作財產權人　三民書局股份有限公司
臺北市復興北路三八六號
發行所　三民書局股份有限公司
地　址／臺北市復興北路三八六號
郵　撥／〇〇〇九九九八——五號
印刷所　三民書局股份有限公司
復北店／臺北市復興北路三八六號
重南店／臺北市重慶南路一段六十一號
初　版　中華民國八十四年三月
編　號　S 78087
基本定價　叁元捌角
行政院新聞局登記證局版臺業字第〇二〇〇號

ISBN 957-14-2209-6（平裝）